Atrévete a ser tu Maestro

Si este libro le ha interesado y desea que lo mantengamos
informado de nuestras publicaciones, puede escribirnos a
comunicacion@editorialsirio.com,
o bien registrarse en nuestra página web:
www.editorialsirio.com

Diseño de portada: Editorial Sirio, S.A.

© de la edición original
2013 Suzanne Powell

© de la presente edición
EDITORIAL SIRIO, S.A.

EDITORIAL SIRIO, S.A.
C/ Rosa de los Vientos, 64
Pol. Ind. El Viso
29006-Málaga
España

NIRVANA LIBROS S.A. DE C.V.
Camino a Minas, 501
Bodega nº 8,
Col. Lomas de Becerra
Del.: Alvaro Obregón
México D.F., 01280

DISTRIBUCIONES DEL FUTURO
Paseo Colón 221, piso 6
C1063ACC
Buenos Aires
(Argentina)

www.editorialsirio.com
sirio@editorialsirio.com

I.S.B.N.: 978-84-7808-873-7
Depósito Legal: MA-1340-2015

Impreso en Imagraf Impresores, S. A.
c/ Nabucco, 14 D - Pol. Alameda
29006 - Málaga

Impreso en España

SUZANNE POWELL

Atrévete a ser tu Maestro

Cuanto mayor se es en evolución,
más se es como un niño.

ENRIQUE BARRIOS,
Ami, el niño de las estrellas

Dedicado a mi querida madre, Joy Powell, que a la edad de setenta y cinco años sobrevivió a una experiencia de vida o muerte durante los cuatro días en que se gestó este libro. Le doy las gracias por haber elegido seguir entre nosotros repartiendo tanto amor con humor. Siempre ha sido y será una gran inspiración para mí. Espero poder entregarle un ejemplar del libro en mano, firmado en gratitud por estos cincuenta años juntas.

Gracias infinitas.

Te amo más allá del tiempo y el espacio.

Prólogo

Después de un año conociendo a Suzanne, he vivido experiencias de las que me siento privilegiado. La sencillez y la alegría en el mensaje que transmite Suzanne me atrajo desde el primer momento. Es una persona muy polifacética. Podría llenar sus libros como hacen muchos autores, con datos sobre su carrera profesional, pero ella se presenta como instructora zen y autora, ya está. De esta forma nos quiere hacer entender que ella únicamente es un instrumento que nos pasa el testigo del conocimiento que ella recibió y experimentó en su vida para que cada uno de nosotros lo recojamos y tomemos la decisión, y el atrevimiento de ser nuestros propios maestros. El mensaje en *Atrévete a ser tu Maestro* es claro. Uno solo no puede cambiar el mundo, sino cambiando cada uno de nosotros, cambiamos el mundo. Os invito a leer, reflexionar y meditar sobre este libro. No paséis por alto el mensaje por ser tan sencillo. Suzanne se mantiene firme en dar el mensaje de esta forma para que no compliquemos el proceso y podamos pasarlo al mayor número de almas de forma clara. Una vez escuché que cuando el ser humano se olvida que en esencia es amor, empieza a poner normas y crea burocracia porque pierde la confianza en él y en los demás. Entraréis en la dimensión del amor con este maravilloso y divertido libro. No quiero dejar pasar por alto el dar las gracias a todas las personas que han colaborado con Suzanne desde el comienzo ya que todos somos parte de esta historia de la humanidad. Gracias Suzanne por tu entrega y gracias Joanna porque a veces para que tu Madre pueda dedicar tiempo para construir un mundo mejor, a veces tiene que estar lejos de ti.

MIGUEL ALMANSA

Prefacio

Hotel Victoria-Palace, El Escorial, España, del 15 al 18 de abril de 2013.

(Este libro es una canalización realizada en quince horas a lo largo de cuatro días. Se trata de una transcripción en tiempo real con una posterior adaptación a texto.)

¿Qué sentido tiene explorar la automaestría en este momento? ¿Por qué hablamos de esto ahora?

No hace mucho me encontraba en un estado de profundo relax. Tenía por delante cuatro días libres durante los cuales mi hija se iba de excursión con los compañeros del colegio. Pensando en esos cuatro días, decidí no atender ninguna consulta y dejar que todo fluyese, sin hacer planes, sin quedar con nadie, porque para mí hacer planes para una semana es hablar a largo plazo. Sabía en mi interior que me quedaba algo pendiente, algo que tenía que compartir, y estaba esperando ese momento de desconexión de mi rutina para explorar qué podía ser. Necesitaba ese descanso.

He de confesar que me asaltaron muchas ideas. Una de ellas fue tomar un avión y marcharme a una isla paradisíaca para disfrutar del calorcito después de un largo invierno en Madrid. Pero esa idea se fue. También contemplé la posibilidad de hacer un retiro en un monasterio budista en compañía de una amiga. Esa idea también se esfumó. Incluso pensé en la posibilidad de visitar a mis padres en Irlanda. Pero se marchó igual de rápido. Hasta que una mañana, mientras tomaba un baño, relajada, sentí la necesidad de buscar un lugar tranquilo, cerca de la montaña y lejos del ruido de la ciudad, e invitar a un amigo a compartir ese descanso. De ese modo se pudo plasmar este libro, en solo cuatro días.

Mi Ser, sabio, tenía muy claro que Xavi, así se llama, estaría totalmente dispuesto a colaborar. Así fue: sin dudarlo, aceptó gustosamente la propuesta de ser mi transcriptor. Así que acordamos tomar esta oportunidad como un regalo, como un ofrecimiento, con alegría y pasión, para escribir *Atrévete a ser tu maestro*. Por ello, te doy las gracias, Xavi.

Recalculando, recalculando... Mi transcriptor se marchaba de viaje durante casi cuarenta días para celebrar así su cuarenta aniversario, pero recalculó. También sin esfuerzo... ¿Cuatro días de vacaciones juntos? No, cuatro días trabajando en el texto, sirviendo al propósito de compartir todo cuanto pudiéramos.

Introducción

Recibí la información de que iba a escribir este libro a través de una canalización que me llegó el día de fin de ciclo: el 21 de diciembre de 2012. La idea retumbaba clara en mi interior: «Escribirás un libro con este título».

Mi primera reacción fue preguntarme por qué realizar esta obra si todavía estoy aprendiendo a ser mi maestra. Pero el título me había cautivado y sentí que era preciso atreverse, porque en realidad nadie nos enseña a ser maestros. Por ese motivo, una de nuestras mayores tareas en esta vida consiste en aprender a ser nuestro propio maestro y compartir, con generosidad, todo lo aprendido.

Es semejante a cuando una pareja tiene un bebé por primera vez. Siempre se preguntan: «¿Dónde está el manual de instrucciones? ¿Cómo aprenderá este nuevo ser? ¿Y nosotros, los padres?». La respuesta es bien sencilla: se aprende sobre la marcha. Y a cada momento se cuestionan: «¿Es correcto lo que estamos haciendo?». Lo mágico es que tu hijo lo acepta todo. Lo estés haciendo bien o mal, sea correcto o no, para él no tiene importancia. Simplemente acepta tu condición de padre o madre. Cuando nos hallamos en el proceso de la automaestría, no importa cómo lo estemos haciendo. Estamos avocados a ser nuestros propios maestros. Lo deseemos o no, la propia experiencia nos ayudará a adquirir maestría en todo lo que hagamos.

> Todo es vivencia. Experiencias que nos nutren
> y nos llenan de vida, de sabiduría.

Aprendes con más o menos fluidez de las situaciones que se te ponen delante. Dependiendo de nuestro estado evolutivo vivimos nuestras experiencias como seres humanos, en algunas ocasiones con confusión y en otras, con lucidez, a veces con ignorancia y otras, con sabiduría. Una de las mejores maneras de aprender es a través de la reflexión. Puedes escuchar muchos consejos y prestarles atención o bien ignorarlos, aunque sin duda tarde o temprano te das cuenta de que de alguna forma todo es perfecto, todo está bien, siempre ha sido así y siempre lo será. Empiezas a notar que existe un orden superior donde todo tiene una explicación razonable que a veces ignoramos o no logramos comprender de inmediato. Pero todo está bien. Todo fluye hacia un bien común, y eso es una gran enseñanza de la automaestría.

Gracias a la reflexión, aprendemos que somos una especie de GPS humano, radares que empiezan a abrirse a las señales, y comenzamos a dirigir nuestras vidas hacia un sentido nuevo. Pase lo que pase, estamos dispuestos a cambiar en cualquier momento, a dirigir nuestra existencia hacia algo mayor, más profundo y verdadero, más lleno de alegría. Digan lo que digan nuestras familias, amigos, jefes e incluso nuestros propios pensamientos, empezamos a estar preparados para dar un paso más en el camino de la experiencia interior, de la auténtica vivencia espiritual, del contacto con nuestra parte más divina.

> Cuando te rindes a tu Ser multidimensional, y te das permiso para Ser, es cuando te conviertes en un ser humano completo, feliz, con una gran tranquilidad espiritual.

Esa calma nace de la inocencia de un niño pequeño y la sabiduría de un gran anciano. En ocasiones, esta nueva forma de ver y sentir la vida no encaja con el mundo que nos envuelve, pero eso también forma parte del reto de despertar a esta corriente de conciencia. Al despertar a la automaestría, inevitablemente debemos romper con viejos esquemas y estructuras que no son más que antiguas formas de ver y entender el mundo. Nosotros lo haremos y el resto lo hará con nosotros.

El secreto consiste en saber vivir este nuevo presente siendo nosotros mismos, con todas las consecuencias, estar constantemente aquí y ahora, conscientes, presentes en todo acto, pensamiento y emoción que nacen de nuestro interior cada segundo de nuestras vidas. Mi mantra favorito sería: «¡Qué más da!».

A eso me refiero cuando hablo de tranquilidad espiritual. ¡Qué más da! Todo está bien. Puedo vivir así, me puedo reír de mí misma, conectando con mi niña interior e intentando no entrar ni en mis propios dramas emocionales, psicológicos, ni en los de los demás. Cuando esto es así, ya no queremos vampirizar la vida de nadie, ni que nadie nos vampirice la nuestra. Una vez alcanzado ese estado, solo deseamos compartir la abundancia en la que empezamos a vivir. La abundancia del Ser.

Debemos observar cualquier tipo de conflicto que aparezca desde la ecuanimidad, sin dramatizar. Visto desde fuera, todo cambia. Si eliges la felicidad, la armonía, la paz, la inocencia... tu estado en general se relaja y vives en una serenidad que se convierte en tu piscina favorita, tu lago de entereza. Dejas de vivir en las aguas turbulentas de un mar agitado y desapacible. Y aunque veas una ola amenazante, sabes que al llegar a la orilla de pronto encuentra la calma, sin temor a que te roce o te transforme, porque todo pasa, todo vuelve al mar, al océano. Es hermoso aceptarse a uno mismo y decir sin miedo: «Yo soy como soy», guste o no; esta es mi historia, mi canción, mi vida, y escojo ser feliz siendo así, aceptándome, abrazándome y reconciliándome con todo aquello que forma parte de mí.

Esa es mi fórmula. Y cada uno debe buscar la suya propia para reencontrarse, para llenarse de vida y para escuchar la voz interior. Desde ahí podrá reconocer su propósito, su misión en este planeta, en este mundo, a cada instante.

Para llegar a donde estoy, a aceptarme, he experimentado muchos episodios de conflicto con escenas cargadas de dramatismo, victimismo y pesadez, aunque en el fondo siempre supe que todo iba a salir bien. De hecho, todo siempre se resuelve si dejamos que las leyes universales fluyan con naturalidad.

La Ley de la Atracción, la Ley de los Opuestos, la Ley de la Compensación, la Ley del Karma —o ley de acción-reacción—, todas nos conducen hacia el equilibrio. Por ejemplo, como dicen en Oriente: «Quien llora mucho, también reirá mucho».

Debemos aprender a ser conscientes de nuestras palabras, nuestros pensamientos y nuestros actos. Y aprendemos sobre la marcha. No disponemos de ningún manual. Elegimos vivir y experimentar la vida como el capitán que conduce su propio barco dirigiéndolo a través de la tormenta, timón en mano, sabiendo que tarde o temprano, pase lo que pase, llegará a buen puerto. Y ese puerto es la vida plena, la vida que merecemos, una vida de paz y de amor, de entrega y de servicio, de apoyo y de cooperación, la vida del ser humano completo.

El GPS humano dirige nuestras vidas y se adapta en cada momento a todo lo que tenga que llegar. Estas son mis palabras favoritas en estos momentos: «El GPS humano está recalculando».

Estamos cambiando de ciclo y, por lo tanto, adaptando nuestras frecuencias a la nueva sintonía. Es como si hubiéramos pasado de un hotel de tres estrellas a otro de cinco sin movernos de donde nos encontramos. Sabemos que hay cambios que se sienten, que se palpan; y aunque realmente estamos viendo los mismos muebles y las mismas paredes, intuimos que algo ha cambiado. Ahora hay albornoces, zapatillas e incluso quizás una sauna en esta nueva dimensión. Algo ha mejorado en todo lo que nos rodea, en toda esta nueva frecuencia más sofisticada y bella. LA AUTOMAESTRÍA NOS AYUDA A VER CON OTROS OJOS TODO AQUELLO QUE NOS RODEA. Nos hace prestar más atención a lo sencillo, a las bellas expresiones de la Naturaleza. Pasamos más tiempo contemplando campos, valles, ríos y flores, disfrutando de un paseo o de la sonrisa de un niño. Empezamos a transformar nuestra vida ordinaria en una vida extraordinaria, con otro sentido más profundo. Ahora lavar los platos ya no es tan solo el aparatoso y mecánico acto de lavar los platos, sino que podemos sentir el flujo del agua entre nuestros dedos y calibrar el frescor de la humedad. Podemos diseñar cada momento desde otra perspectiva más auténtica y hermosa. Al cambiar de categoría, también hay nuevas leyes, nuevas normas, que te dicen: «Lo que necesites, pídelo». Ahora, pedimos y recibimos. Hemos pagado un precio mayor por esta nueva frecuencia, por este nuevo lugar, y nos corresponde, por la Ley de la Compensación, recibir lo que hemos pagado.

*La Ley de la Compensación
nos aporta lo que nos pertenece.*

Cuando hacemos planes mentales y tenemos una idea tan clara de lo que queremos, apuntamos a esa dirección sin apego al resultado, dejándonos fluir y sintiendo alegría y pasión por esa meta, por ese objetivo. La mente puede tener mil ideas claras, y si nos rendimos a nuestro Ser para vivir una experiencia superior, las circunstancias siempre se ajustan para que se cumplan. La mente se puede rebelar, protestando por los cambios, pero debemos aprender a aceptar las nuevas circunstancias, diciéndonos: «Recalculando, recalculando, recalculando», y sabiendo que ese cambio inesperado se ha manifestado porque hay algo mejor que nos está esperando.

Relax. Es cuestión de relajarse. Cuando surge esa duda, esa confusión y ese conflicto interior, debemos calmarnos. Hemos de estar tranquilos. Ten en cuenta que no podemos ver las soluciones cuando nos encontramos en un estado de agitación, confusión o temor. Debemos mirar en nuestro interior y preguntarnos con paciencia cuál es la mejor solución. Es el momento de mantener la equidad ante todo reto.

Solo desde el control de nuestras emociones, desde la serenidad y la calma, podemos elegir. Sentémonos, respiremos hondo y preguntémonos: «¿Qué es lo mejor?». Y desde ese estado de quietud es fácil encontrar la solución. Si no surgiera en ese mismo instante, nos levantaremos y nos distraeremos con cualquier otra cosa, y cuando menos lo esperemos, aparecerá la idea correcta, la luz apropiada y la respuesta precisa. DE HECHO, PARA CADA PROBLEMA QUE TENGAMOS, HAY UN MÍNIMO DE DIEZ SOLUCIONES. Solo debemos estar atentos y saber descifrar las señales, los avisos y los mensajes ocultos en cada realidad presente.

Despertar

¿Qué significa despertar? Es tan solo salir de la ignorancia o, al menos, entender la vida desde una perspectiva diferente, más elevada y más amplia.

Desde que nací siempre sentí algo distinto. Iba al colegio, observaba a mis compañeras de clase, miraba a mis profesores y siempre pensaba: «¿No se dan cuenta de que existe algo diferente? ¿No saben que algunas personas son especiales?».

Recuerdo ir al colegio con seis o siete años y llorar en silencio, a escondidas, porque sentía profundamente que no encajaba en ese lugar. Me pesaba la sensación de soledad mientras escuchaba las lecciones de la profesora como si fuese a larga distancia. Abstraída en una nube, flotando, estando pero sin estar. A menudo recordaba la cara de mi padre cuando me dejaba en la puerta del colegio y sentía cuánto le amaba. Así fui creciendo, pasando los cursos como una alumna brillante —por suerte, lograba buenas notas en todas las asignaturas—. Tenía mis amigas y solo intentaba ser una niña normal, procurando pasar desapercibida. Quería ser una más. En casa yo era la hermana mayor, por lo que recaía en mí toda la responsabilidad, como si fuera una segunda madre para mis hermanos. Siempre con esa sensación de sentirme diferente, como si no perteneciera realmente a esa familia, como si únicamente estuviera representando un papel. Por dentro sentía muchas ganas de salir de ahí, de volar, de sentirme viva y experimentar la vida. Deseaba brillar siendo yo misma.

Recuerdo que mi padre solía decirme: «Hagas lo que hagas, nunca seas profesora». Siempre le había admirado porque era un gran profesor. Quizás por ello acabé estudiando Filología Románica y me aventuré en el mundo de la enseñanza. De hecho, los primeros nueve años que pasé en España ejercí como profesora. Pero juré no ser en un futuro el estereotipo de docente que había conocido hasta entonces. Deseaba ser diferente. Quería dejar huella en mis alumnos y que me recordasen como una buena profesora que aportaba algo más que conocimientos. Ellos, de hecho, fueron mis primeros maestros. Hablaba como ellos, reía como ellos, me vestía como ellos. Escuchaba sus frustraciones, sus penas y sus alegrías como una más. Realizábamos actividades que disfrutábamos todos juntos.

Me acuerdo de las expresiones de sus caras cuando llegaba a clase. Me encantaba encontrar gestos de entusiasmo y curiosidad, de esperanza y gozo por lo que aprenderían en esa nueva jornada. Creo que conseguí llegar a sus corazones. En aquellas clases emanaban lecciones del alma aprendidas, enseñanzas que deseaba comunicar para hacerlos felices. LES ENSEÑABA A ESCUCHARSE A SÍ MISMOS PARA QUE CADA UNO PUDIERA DESCUBRIR SU PROPIO DON, SU TALENTO, INDEPENDIENTEMENTE DE LA OPINIÓN SOCIAL O FAMILIAR. Primero tenían que ser felices y expresarse libremente.

Pasados esos primeros años, dejé el colegio para entrar en el mundo de la nutrición. Tenía un nuevo público por conquistar: naturópatas, médicos, propietarios de herbolarios... Introducirme en ese nuevo campo me dio la opción de expandir mis propios conocimientos, viajar por muchos países y codearme con grandes profesionales del campo de la nutrición y de la investigación ortomolecular. Todo aquello me apasionaba. No paraba de leer, de buscar, de experimentar.

DURANTE ESE PROCESO COMENCÉ A SER MAESTRA DE MI PROPIO CUERPO. Tras sufrir una transformación en mi salud física y mental —superé varios problemas digestivos, muchas alergias y un cáncer—, esa experiencia me impulsó a ofrecer mi propia vivencia para ayudar a que otras personas recuperasen su salud. A la par, aprendí de las experiencias de los demás. Gracias a la nueva enseñanza, aprendí a escuchar a mi cuerpo y a encontrar mi propio equilibrio con respecto a mi sistema nervioso, a mi sistema inmunitario y a mi aparato digestivo. Logré con mucho éxito la armonía desde una nueva maestría.

Sin embargo, no fue suficiente. Necesitaba algo más. Estaba tocando la tecla de la holística, el cuerpo y la mente desde una perspectiva distinta. Pero siempre cuestionándome: «Y el espíritu ¿qué?». Mi espíritu estaba hambriento, también quería crecer, evolucionar. En mi mente brotaban preguntas existenciales: «¿Quién soy? ¿Qué hago aquí? ¿Soy un ser humano catapultado a un planeta junto a millones de seres más? ¿Por qué? ¿De dónde venimos todos y hacia dónde vamos?». Recuerdo las horas que pasaba contemplando las estrellas, preguntándome a diario: «¿Por qué me siento tan sola? ¿Por qué nadie viene a buscarme? ¿Por qué no hay amor? ¿Por qué existe tanto sufrimiento? ¿Dónde está mi familia? ¿Por qué me siento triste? ¿Dónde está ese amor incondicional? No tengo motivos para sentirme así, gozo de buena salud, dispongo de dinero, un hogar... ¿Por qué siento que algo me falta cuando tengo tanto que agradecer?».

Y ese lamento, ese anhelo, es lo que me situó en la dirección correcta hacia el crecimiento espiritual. Pensé: «Si no me hago estas preguntas, ¿cómo voy a encontrar las respuestas?». Por eso todos los días despertaba con los mismos interrogantes: «¿Quién soy yo? ¿Qué hago aquí? Quiero saberlo. Necesito y deseo saberlo».

Esa llamada fue contestada con una maravillosa experiencia que viví tras conocer al que más tarde sería mi maestro en vida. Junto a él, gracias a su infinita generosidad, aprendí una hermosa enseñanza que llena completamente el alma, una valiosa herramienta cuya práctica sigo utilizando porque ayuda a muchas otras personas. Todos los días doy las gracias al universo por tener la oportunidad de poder compartir con todo el mundo este maravilloso regalo.

Cuando ese maestro falleció, de nuevo me sentí sola, abandonada por la vida. Reiteradamente me venían pensamientos del tipo: «¿Quién va ahora a comprenderme cuando realmente era él quien me comprendía casi más que yo misma?». Y siempre recordaba cuando él me decía que no era mi maestro, aunque me permitiese que lo llamara así. Me hizo comprender con su paciencia infinita que yo era mi propio maestro, que cada uno debía tomar las riendas de su vida para ejercer la automaestría. Él solo era un guía.

Recuerdo lo bien que me sentía ante su presencia, cuánta satisfacción recorría mi Ser al escuchar sus palabras, su sabiduría. Hasta que llegó el momento en el que comprendí que no necesitaba su presencia física para sentir lo mismo.

Un día, pasado el tiempo, me desperté en la cama y tuve una fantástica experiencia: estaba en un túnel y de repente choqué contra una gran luz que entró por mi frente y me fusioné con ella. Era como si yo misma fuese esa luz, con un tremendo gozo en el alma, una con el Todo, una inmensa alegría, un éxtasis, sí, un éxtasis cósmico. En ese momento desperté. Entendí todo lo que no había entendido en mi vida. Me eché a reír de repente porque empecé a comprender que lo estábamos haciendo todo al revés. QUE NO HAY QUE INTENTAR NADA. Que todo está bien como está. Que no hay culpables. Que todos estamos llevando a cabo nuestro proceso tal y como lo diseñamos, que no hay nada correcto ni incorrecto. Todo es, todo ES. Y pensé: «¡¡¡Guau!!!».

Y cuando mi mente intentó interpretar esa experiencia del TODO, se esfumó. Como si en tan solo un pequeño instante se hubiera abierto y cerrado el objetivo de una cámara fotográfica. Carecía de importancia el hecho de no recordar lo que había experimentado; ese bombardeo de información hizo que despertara de un letargo. Fue un instante en el que pude decir: «Ya lo sé todo». Y que tan pronto como vino, desapareció.

Fue un regalo de mi propio Ser para reconfortar y sosegar mi corazón y mi mente, para no preocuparme de nada, nunca más. Ya no tendría miedo, sería guiada siempre.

Solo tenía que vivir intensamente el presente dejándome llevar por el corazón. No obstante, más tarde, me invadió una duda: «¿Cómo puedo transmitir esto a mis compañeros de la enseñanza? ¿Cómo puedo hacerles comprender que lo que realmente nos quiere enseñar nuestro maestro no es una serie de reglas y normas en la práctica de imposición de manos, de meditación y respiración consciente, sino que desea enseñarnos a ser nosotros mismos?».

Lo que había experimentado en ese momento era una visión de mi Ser, sin ego, sin mente ni personalidad. Se había desnudado mi alma, revelado mi esencia. Eso era lo verdaderamente importante, mientras recordaba estas palabras: «Mente abierta, corazón abierto y manos abiertas».

Debemos tener siempre una mente abierta, un corazón abierto y unas manos abiertas.

Simplemente nos han dado herramientas para calmar el cuerpo físico del dolor, para calmar la mente, tener paz y lucidez, para poder llegar así al estado de plenitud y armonía. Comprendí realmente lo que había aprendido. Pero sentí que mis compañeros se habían quedado a mitad de camino con la simple práctica manual, las reglas y la rigidez de una enseñanza disciplinada. Se habían olvidado de lo fundamental. Es como cuando vas a firmar un contrato: siempre es importante leerlo detenidamente, sobre todo la letra pequeña. Al final siempre hay una letra pequeña. En la vida recibimos nuestro diploma, pero la letra pequeña viene a decir: «Utiliza todo esto con la mente abierta, el corazón abierto y las manos abiertas».

Practica y expándete desde la experiencia, con humildad y
sencillez, con amor incondicional. Ese es el gran camino.

Desde el momento en el que mi maestro se marchó, y
con esta nueva comprensión, la pregunta que le lanzaba al
universo era: «Si he vivido levemente la experiencia del despertar, si he podido saborear humildemente un momento de
lucidez, un pequeño instante de visión, ¿cómo puedo com-
partirla para que otros sean capaces de vivir su propia experiencia y también puedan despertar?».

Cuando Jesús pedía: «Yo soy el camino, sígueme», no
lo decía literalmente. Solo quería decir: «Yo soy el ejemplo,
imítame». Por eso insisto una y otra vez en mis conferencias:
«Si otros han podido, tú puedes». Todos tenemos el poder
de alcanzar la automaestría. Solo debemos seguir el ejemplo
de aquellos que ya lo han conseguido o están en proceso de
conseguirlo. Solo debemos imitar aquellas conductas y va-
lores que funcionan, que están al servicio del bien, de una
humanidad más avanzada, de un mundo mejor. Jesús dijo:
«Vosotros haréis cosas mayores».

En aquel tiempo intuía que la vida tenía algo preparado
para mí. Pregunté cómo podía ayudar a los demás para que
vivieran su propia experiencia sirviéndome de la mía propia.

El señor de la montaña

Un día, en el parque de la Ciudatella, en Barcelona, pa-
seaba con una amiga por la Feria de la Tierra y mientras mi
hija se pintaba la cara en un estand artesanal, apareció de la

nada un señor muy peculiar de unos sesenta años, con aspecto de vagabundo. Vestía con ropa andrajosa —una chaqueta de cuero muy desgastada y unos tejamos con toda la pinta de llevar bastante tiempo sin lavar— y un gorrito de colores en la cabeza. Tenía una larga barba blanca y el cabello recogido con una cola de caballo. Se acercó con voz grave, muy varonil, y me dijo:

—Señora, llevo ocho años buscándola, y con lo poco que me gusta venir aquí, al cemento, a la ciudad, he emprendido este viaje para encontrarlas a usted y a su hija. Por cierto, ¿dónde está su hija?

No sé qué cara puse en ese momento pero pensé que ese señor me confundía con alguien y estaba completamente equivocado. Pero en ese momento apareció mi hija y él abrió los brazos para recibirla como si la conociera de toda la vida.

Me pidió ayuda para un trabajo que quería hacer al día siguiente en el parque Güell. Solicitó mi presencia para las doce del mediodía. Mi mente comenzó a enjuiciar, y pensé: «A dónde voy yo con este señor, con ese aspecto que tiene, a hacer un trabajo». Mi mente actuó en modo bloqueo, reaccionando negativamente a la propuesta. Le dije:

—Déjame que lo medite esta noche.

Y él me respondió:

—Ya lo sé, señora, ya me han dicho que la llaman «doña Confirmaciones». Usted medite todo lo que necesite, pero mañana nos vemos a las doce.

Me chocó su firmeza. Y por eso por la noche decidí meditar y hablar con mi maestro sobre esta nueva aventura. La respuesta fue contundente: «Just do it!». Suspiré. «¿Dónde me estoy metiendo?». Pero recordé una frase que mi maestro me dijo años atrás: «No te sorprendas si en el futuro se te presenta un vagabundo que vendrá a darte instrucciones, porque INCLUSO UN VAGABUNDO PUEDE SER UN ILUMINADO DISFRAZADO. NO JUZGUES A NADIE POR SU APARIENCIA».

Así que a las doce, como un clavo, me presenté a la cita con mi hija y un par de amigos para sentirme más protegida. El señor tocó su tambor mientras mi hija y yo nos quedamos escuchando, meditando con un ojo abierto y otro cerrado, porque no sabíamos qué podría ocurrir. Al final nos llevó hasta una fuente y nos habló sobre el río de la vida. Sacó un cristal, lo metió en el agua e hizo un ritual que no logramos entender. Intenté en todo momento tener una actitud receptiva, aceptando al menos esta nueva experiencia como una aventura más para aprender. He de confesar que me impresionó. Más tarde tuvimos una larga conversación. Escuché atentamente intentando no enjuiciar, permaneciendo fuera de mi mente y abriendo mi espíritu a todo lo que pudiera ser positivo de aquel momento. Atendiendo con curiosidad todo lo que decía, me di cuenta de que me encontraba ante un hombre sabio, un ser que había aparecido en ese momento porque yo tenía algo que aprender de él. Tras terminar aquel día tan especial, nos pidió que fuésemos a su casa, en las montañas de Teruel, para pasar allí el próximo puente de mayo. Después de meditar sobre todo lo ocurrido y sobre su petición, y por supuesto tras recibir la confirmación, decidimos asistir.

Más adelante tuve otra experiencia. Una experiencia en la que volé fuera de mi cuerpo y llegué hasta una especie de sala donde pude contemplar mi propio programa. Vi un gran laberinto en el que aparecían personas conocidas y desconocidas. También vi una especie de escalera con peldaños y muros sobre los cuales tenía que saltar para acceder al siguiente peldaño. Entendí cuál era mi evolución. Pude observar el camino y sus posibles distracciones en el laberinto de la vida. Aquella escalera cruzaba de un punto a otro. Descubrí que yo misma había diseñado ese camino, y tenía por lo tanto libre albedrío para seguirlo recto o para distraerme en el laberinto. Me dio mucha alegría poder entender el juego y distinguirlo en toda su amplitud. Me colmó de tanta felicidad que sentí que todo valdría la pena para llegar hasta el final. Era una sensación de seguridad, poder contemplar todo el juego, toda la partida. Y cuando logras entender, entras en el juego a fondo porque sabes que todo va a salir bien, que todo merecerá la pena, que todo será perfecto. Empiezas a vivir la vida con otra perspectiva. Total, es un juego, una obra de teatro donde voy a sentir toda la existencia con intensidad, con suma intensidad.

Concluí que la experiencia con el «señor de la montaña» me había servido para aprender a amar a otro ser diferente a mí, con una indumentaria distinta a la mía, con una forma de entender la vida que podría ser incluso antagónica a la mía propia, una vida que yo había codificado en mi mente en forma de juicio y prejuicio. Fue toda una sorpresa cuando llegué a su casa, me recibió con los brazos abiertos y me dijo:

—Bienvenida a la quinta dimensión.

Mayor fue la sorpresa cuando vi en su «chabola» la imagen de mi maestro colgada en la pared. Y aún más sorprendente cuando mi hija le entregó un dibujo de tres montañas con dos soles, uno de ellos con pensamientos escritos. Recuerdo que uno de los soles tenía orejas y cuando le pregunté por qué, mi hija, que por aquel entonces tenía cinco años, me dijo:

—No son orejas, son pensamientos. Un sol eres tú y el otro sol es el señor de la montaña. Y tienes orejas porque no sabes qué hacer, y te preguntas todo el rato: «¿Voy o no voy? ¿Sí? ¿No?». ¡Por eso tienes orejas de pensamientos!

En el dibujo había un cuadrado con la palabra «menta». El señor de la montaña rió a carcajadas. Instantes después me dijo:

—Señora, mire detrás de usted. —Y allí había una caja llena de menta fresca recién cortada. Añadió—: Claro, su hija acude aquí todas las noches a jugar con los unicornios en la montaña. Y me hizo prometerle que le prepararía una infusión de menta para cuando viniera a visitarme. Ahora es el momento de cumplir la promesa.

En ese instante de auténtica confusión me dije: «Suzanne, abandónate a la experiencia».

Durante muchas y largas conversaciones, y una vez superada mi alergia a los gatos (allí habría más de veinte), al polvo, a los ácaros, al heno... en definitiva, una vez superados todos mis demonios, entendí que esos cuatro días eran necesarios para deshacer el camino andado, para desaprenderlo todo y para descodificar mi mente. Tenía que nacer una nueva versión de Suzanne, un nuevo registro, una nueva y más amplia apertura de miras.

Cuando tuve la anterior cita con él en el Parque Güell a las doce del mediodía, recuerdo que me dijo:

—Por cierto, señora, esta noche ha venido un maestro a hablar conmigo y me ha dicho: «Aquí te entrego una madre y su hija. Haz el trabajo, y cuando esté hecho, devuélvelas a casa».

Recibí muchas señales esos días. Intuí que estaba en el camino correcto. Sabía que tenía que liberar mi mente, abrir mi corazón y expandir mis alas. Era el momento de ser yo misma con todas las consecuencias.

En aquellos días aprendí a relacionarme con el increíble mundo de los elementales, el poder de la naturaleza, a conectar con la Madre Tierra. Me retiré a varios lugares de las montañas y aprendí a comunicarme con los seres multidimensionales. Descubrí cómo volar de forma multidimensional, comprendí el espacio y el tiempo de forma diferente, me desconecté de mi mente en un instante para aparecer en otro lado del universo conscientemente, segundos después. Aprendí a conectar con mi disco duro, a conectar con mi propio Ser y a comunicarme con el Ser de otras personas.

Fueron cuatro días intensos de experiencias inolvidables, no solo para mí, también para mi hija, disfrutando al ver cómo de la crisálida salía una hermosa mariposa. En esos días la vi libre, feliz, lejos del prosaico ruido de la civilización. Incluso sentí lástima por el tipo de educación que le estaba dando en la ciudad. Percibí que podría estar equivocada, a pesar de que había intentado hacerlo lo mejor posible.

Tras esos cuatro mágicos días, de vuelta a Barcelona, se dibujaba en nuestros rostros una enorme sonrisa. Teníamos los ojos más abiertos que nunca. Poseía otra percepción de la existencia, otro sentir. Observaba a la gente en todos los ámbitos de la sociedad y sentía una enorme sensación de amor hacia la humanidad. Brotó en mí un gran deseo de ayudar a la gente a encontrarse, a conectarse entre sí, de Ser a Ser, con el corazón abierto. Sentí la necesidad de compartir mi experiencia de vida y empecé a buscar la forma de transmitir todo lo aprendido, todo lo sentido. Así empezaron las primeras conferencias, que nunca se publicaron en Internet porque nadie las filmó.

Poco a poco me fui abriendo, atreviéndome a explicar mis experiencias de vida. Digo ATREVERME porque implicaba estar expuesta a críticas y disconformidades de personas de mi propia enseñanza. Y así fue. No le di mucha importancia pues había estado en la misma situación que ellos hasta el momento de ese humilde despertar, de esa visión más amplia de la existencia. Sabía que simplemente estaban dormidos a esa realidad, a esa percepción de la que ahora podía disfrutar y de la que ellos, algún día, también disfrutarían.

Debía seguir mi camino con o sin ellos. Pasé cuatro años sola con mi hija dando clases sin ningún tipo de ayuda. Un día, una persona de mi propia enseñanza decidió hablar conmigo y preguntarme sobre las experiencias que había vivido. Gracias a su mente abierta pude transmitir a los otros compañeros mi experiencia. Así fue como se corrió la voz. Al principio, aunque fuese por curiosidad, empezaron a asistir a los cursos pero sin poder evitar lo que sentían, rememorando los viejos tiempos, cuando el maestro daba las clases. Sus corazones comenzaron a abrirse. Ya no podían dejar de sentir. Era una llamada del alma, que les decía: «Volved al camino».

Debido a mi testimonio, ellos empezaron a tener su propia experiencia. A pesar de que hubiera iniciado mi camino a contracorriente de otros compañeros, algunos fueron conscientes de que ese era el camino correcto.

El hecho de atreverme a ser yo misma me permitió ser mi propia maestra con todas las consecuencias. El secreto reside en dar el paso, en tirarte a la piscina ciegamente porque lo sientes desde tu Ser más profundo, desde tu alma. De alguna forma sabes qué es lo que debes hacer; a pesar de lo que la mente diga, tú sabes cuál es tu propósito y tu misión interior, y ese es el impulso que hay que seguir. Así que me lancé y empezó el efecto dominó. Cuando llevas a cabo tu propósito con pasión, con amor, con total convicción, con todo tu Ser y desde tu verdadera esencia, se lo transmites a los demás. Ocurre lo mismo cuando una sonrisa se te contagia y no puedes evitarlo. Te conviertes en un faro que ilumina y atrae a los demás, no para ser su maestro, sino para que se despierte su maestro interior, su luz interna y su cristalina mirada. Se activa una espiral de vibración que contagia a todo lo que es atraído hacia ella.

Si sientes pasión por tu objetivo, tu meta, tu propósito, alinéate con la absoluta certeza de que eso es lo que quieres en ese instante. De ese modo, toda tu intención se vuelca en esa experiencia. Ocurre cuando la espiral de fuerza se activa y el universo te ofrece más y más de lo mismo, aunque siempre hay que tener la mente abierta y estar dispuestos a cambiar a cada instante. Siempre recalculando, adaptándote a lo nuevo, porque todo se transforma en ese ciclo de cambio continuo.

Solo existe el presente. El eterno ahora. Y puede que en este presente sientas que te apetece hacer algo diferente. Pero todo cambia en nuestro interior. Siempre estamos en un constante proceso de cambio. Es el principio universal que todo lo mueve. Así, todo se modifica a cada instante. Por eso tenemos que ser como niños. Cuando dicen: «Ahora quiero esto, y ahora lo otro», les regañamos, y sin embargo ellos saben perfectamente lo que no quieren. Solo muestran de forma natural lo que desean. Cuando sentimos muy claro lo que no queremos, vamos por buen camino. Todo se esclarece a medida que caminamos y trascendemos.

*No enfoques tu atención sobre lo que no quieres,
pues el universo lo expandirá y te dará más de lo que
no deseas, pues no sabe interpretar el «no».*

El programa

El señor de la montaña tenía muy claro lo que no quería. No quería ser un número más en la sociedad, no quería estar sometido al sistema, no quería depender de nadie. Solo deseaba vivir. De hecho, murió dos veces y regresó. Experimentó la vida con todos sus colores, desde la oscuridad de las drogas hasta la luminosidad de la sencillez humana. A pesar de que lo etiquetaron como el loco del pueblo, acudían a él de todas partes del mundo para vivir experiencias de despertar. Para mí fue el perfecto ejemplo de una persona que se atrevió a ser su propio maestro.

El señor de la montaña estaba ya en mi programa. Tenía que pasar por la experiencia de conocerlo para aprender a dirigir mi vida siendo consciente de ello. Si entiendo y acepto que tengo un programa predeterminado, he de respetar que cada ser humano también tiene el suyo propio, con la comprensión de que cada uno está haciendo exactamente lo que tiene que hacer, tal y como él mismo lo ha diseñado.

Ya sabemos que no hay errores, tal vez posibles distracciones. Momentos de paréntesis para recalcular el rumbo que deseamos tomar en un momento dado. La vida es cíclica. Así pues, las lecciones se repiten una y otra vez en distintas circunstancias hasta que se aprenden. Una vez aprendida, la lección desaparece.

En la experiencia con el señor de la montaña aprendí la lección del Amor Incondicional. Aprendí también a no prejuzgar. Vi cómo muchas personas que acudían a él no llegaron a tener la experiencia que su alma necesitaba en ese momento debido a sus recelos. Tan pronto llegaban, se marchaban. Recuerdo que me dijo:

—Gracias, señora, por tener la mente abierta. Eso hace que mi trabajo sea más fácil con usted.

Y cuando me marché definitivamente, me felicitó:

—Enhorabuena, señora. Ha superado la prueba.

Y entonces, lloré.

Esta experiencia nos conduce hacia el programa, hacia nuestro propio propósito. Cada uno tiene su programa personal que además forma parte de un propósito colectivo, es decir, un propósito mayor que todos los que adquieren la automaestría conocen y sirven inteligentemente en silencio y desapegados.

El programa se comporta como un juego de ordenador, con muchas opciones: «Si hago esto puede que ocurra esto, pero si hago lo otro puede que suceda algo diferente».

Cada uno lleva consigo un programa predeterminado, repleto de amplias opciones que también son diseñadas según las lecciones o las experiencias que deba asimilar y aprender. Y ese programa, en esta vida, es solo una pincelada del programa de todos los ciclos de vidas. Se comporta de igual forma que un ordenador que esté conectado con muchos otros ordenadores gracias a una gran centralita, a una intranet o, incluso, al ciberespacio. Cada uno dirige su propio programa consciente o inconscientemente pero siempre afecta al programa colectivo e interactúa con él. Todos somos imprescindibles en este cambio evolutivo global. Cualquier decisión que tomes a nivel personal influye en la colectividad. Todos somos uno, todos somos una humanidad unida, aunque a veces, ante el miedo y la ceguera, nos sintamos apartados, desconectados y solos.

Cómo ser maestro de uno mismo

Primero hay que tomar conciencia de nuestros pensamientos para luego ser conscientes de nuestras palabras, herramientas importantes para la cocreación de nuestra vida. Tal como uno piensa que será su vida, así será. Si nuestros pensamientos son puros, libres de juicios, de alta vibración y llenos de entusiasmo, ilusión y alegría, así de pura será también nuestra existencia.

Si pronuncio una palabra, esta se convierte en vibración, en energía, en conducta y en acción, es decir, en aquello que se puede palpar, sentir, percibir. Las palabras, al igual que los pensamientos, están cargadas de vibración. Una vez se emiten, salen al exterior, al universo, y regresan a nosotros. Siempre, sí, SIEMPRE. Por lo tanto, hay que tomar conciencia del poder de la palabra y del poder del pensamiento. Si tú lo dices, así será. Por tanto, cuidado con lo que piensas y con lo que dices.

Cuando vas tomando conciencia de tu vida, empiezas a ser consciente, a ser zen. Saber lo que piensas, lo que dices, cómo actúas, es ser zen. Cuántas veces uno crea su propio infierno por su inconsciencia. Por no ser conscientes de las palabras podemos crear un conflicto o condicionar nuestro programa para vivir anclados al sufrimiento.

A menudo se utilizan sin pensar frases ya hechas. Por ejemplo: «La comida está que te mueres», «Mi vida es un desastre», Si comes ese helado te vas a sentir fatal».... A una persona consciente eso le haría rechinar los dientes... ¡No pronuncies este tipo de frases tan a la ligera! Cuando empleamos estas expresiones, generamos una sentencia que imponemos al otro o a nosotros mismos, porque lo que deseamos para los demás lo estamos deseando también para nosotros mismos.

Esto me hace pensar en los correos electrónicos que circulan en cadena, como esos que dicen: «Reenvía este correo a veinte personas o serás muy desgraciado». Y para colmo indican que lo tienes que hacer en los próximos veinte minutos. Automáticamente la persona que recibe uno de estos correos piensa, por si acaso es verdad: «Lo voy a hacer». Y cuando se lo ha enviado a veinte personas de su lista de contactos, se relaja y piensa: «¡Uf! ¡Qué peso me he quitado de encima!». Pero lo que ha hecho ha sido proyectar ese miedo o esa emoción a veinte personas más —y de rebote a miles—, ya sea de forma consciente o inconsciente. Si una persona no lo reenvía, se siente culpable por ello, y en consecuencia enferma, ¿quién es el responsable? Si tú has participado de alguna manera, por mínima que sea, debes asumir parte de la responsabilidad dentro de tu programa, y has de saber que con esa acción has generado una deuda y un karma.

Si nos envían algún correo en cadena, no debemos ni creerlo ni aceptar ninguna responsabilidad, excepto la de cortar dicha cadena, que puede contener creencias o palabras que siembran temor y daño. Personalmente yo respondo conscientemente a la persona que me ha enviado el correo para que sepa lo que acaba de hacer y de paso la invito a que vea mis vídeos sobre el karma. LA PALABRA ESCRITA O PRONUNCIADA TIENE LA MISMA FUERZA QUE EL PROPIO PENSAMIENTO. Por esta razón debemos ser en todo momento conscientes de lo que pensamos, lo que decimos y lo que escribimos. Esto debe aplicarse a mí en dos sentidos: como persona y como autora, ya que debo procurar que todo lo que escribo sea un beneficio para quienes me leen y no una carga.

Las creencias

Desde que nacemos, hemos ido acumulando creencias que nos han inculcado, transmitido e incluso impuesto. Nosotros mismos las hemos elegido como forma de pensamiento, de carácter, de educación, por todo aquello que haya resonado en nuestro interior, y no solo me refiero a creencias religiosas, sino también a las de cualquier otra índole.

De hecho, en la sociedad actual, nos hemos dejado llevar por las creencias de los demás. Las primeras, las de nuestra propia familia. Aceptamos los patrones de nuestros padres, abuelos y ancestros más lejanos. Asumimos estos esquemas que se van pasando de generación en generación. Si uno decide romper con esas creencias, pronto se convierte en la oveja negra de la familia o en el bicho raro, quizás porque decidió pensar por sí mismo y darse la opción de creer o no creer lo que le han enseñado.

Al venir a este mundo a experimentar, a explorar absolutamente todo, a veces nos metemos donde no nos llaman, aunque lo hagamos con buena intención, porque creemos que es lo mejor para otras personas. Ya tenemos suficiente trabajo con nosotros mismos, por lo que no es aconsejable entrometernos en la vida de los demás si no nos piden ayuda o consejos directamente. Si yo creo que algo es positivo para mí, automáticamente se convierte en algo positivo para mí, aunque a los ojos de otras personas pueda no ser así. Pero si realmente me dejo convencer de que se trata de algo negativo, esa energía se transforma en negativa. Si durante toda la vida me ha encantado el chocolate blanco, y de repente una persona me convence de que estoy cometiendo un error al comerlo, empiezo a pensar que todo lo que no me va bien en la vida es por el chocolate blanco y ahora me sienta mal. ¿Qué ha ocurrido? He pasado a pensar de forma diferente, he comenzado a cocrear de manera distinta, he puesto el enfoque sobre lo que me llama la atención en ese momento y lo he etiquetado como perjudicial para mí. Acabo de crear un veneno. Así, envío desde el subconsciente un mensaje de que el chocolate blanco es un veneno, y mi cuerpo solicita una reacción al sistema inmunitario que hace saltar todas las alarmas. Disfruta de lo que te dé placer sin tener detrás a ese demonio que te dice que no puedes hacer esto o no puedes comer aquello.

Te contaré una anécdota. Pasé una época de mi vida en la que era estrictamente vegetariana. Quise explorar las reacciones que ese estilo de vida provocaba en mi cuerpo y la verdad es que en esa época, que duró largos años, podía asegurar que nunca me había encontrado mejor. Me convertí en una deportista de fondo y me sobraba energía física y vital por todas partes. Era capaz de correr un maratón tras desayunar únicamente un cuarto de sandía. Finalmente, debido a mi trabajo, los viajes y las comidas fuera de casa, tuve que variar mi dieta, añadiendo de vez en cuando algo de pescado y de pollo para no caer en una mono-dieta de pasta, tortilla y arroz blanco.

En cierta ocasión me invitaron a un exquisito restaurante en Vigo, y nos pusieron un plato de jamón de bellota como aperitivo. Decidí gastar una broma y le pedí a mi acompañante que me hiciera una foto con el jamón en los labios. Mi intención no era comérmelo, pero publiqué la foto en Facebook, con un título debajo: «Me han pillado», a modo de provocación. Recibí centenares de respuestas, algunas espantosas: «Suzanne, qué decepción», «Suzanne, estás comiendo un cadáver», etc.

De hecho, ni siquiera había escrito si me había comido o no ese trozo de jamón. La gente supuso que sí lo había hecho. ¡Te confieso que, aunque en un principio no era mi intención, no me comí ese trozo de jamón, me comí medio plato! Disfruté muchísimo de ese placer que hacía veinte años que no disfrutaba, porque quise, y de paso, para romper con esas creencias y tabúes. No volví a hacerlo, pero debía romper con la inflexibilidad y recordar que estamos aquí para experimentar, sin aferrarnos a dogmas o creencias preestablecidos, ni siquiera aquellos que son un bien para nosotros. Sin ningún sentimiento de culpabilidad y deseándole al cerdo que le había proporcionado tal placer a mi paladar una mejor evolución, le di las gracias por su carne. De esa forma, el cerdo se fue en paz, y mi acompañante y yo también estábamos en paz. Si hubiera comido el jamón sintiendo que era perjudicial para mí, me habría sentado mal. Ahora bien, para facilitar la digestión, eso sí, comí piña natural de postre.

Fue curioso ver cómo los amigos de Facebook actuaron entre sí. Unos se decían a otros que no pasaba nada, y otros aseguraban que los había decepcionado. Los veganos me pusieron verde, y nunca mejor dicho, pero salieron excelentes reflexiones y lecciones de aquel hecho. Fue un debate precioso, un debate «zen por zen».

La importancia de «cancelar»

Ahora que conocemos la existencia del poder de la mente, de las palabras y de todo lo que podamos imaginar en un instante y las consecuencias de todo ello, necesitamos una herramienta inmediata para eliminar aquello que hayamos dicho o imaginado, a fin de que no se manifieste en nuestra realidad. Como ya somos conscientes del poder que tienen las palabras, cuando digamos algo que no queremos que se proyecte en nuestras vidas y nos demos cuenta de ello en el momento, podemos pronunciar en nuestra mente o en voz alta la palabra «cancelar» y rectificar a continuación la frase o la palabra pronunciada. Digo, por ejemplo: «Mi vida es un desastre». Luego pienso: «¿Realmente quiero vivir una vida desastrosa?». La respuesta es «no», por lo tanto digo «cancelar» y rectifico: «Mi vida es una maravilla».

Lo creas o no, da igual en ese momento. Lo primero es la palabra, al igual que en la creación descrita en la Biblia «primero fue el Verbo». Si decidimos transformar nuestra existencia decretando que mi vida es de determinado modo, ya nos estamos alineando con ese estilo de vida. Por ejemplo, si digo: «Quiero encontrar el amor», tendré la experiencia de «querer» el amor, pero no viviré el amor en sí mismo. Por lo tanto, cambio la expresión «quiero encontrar el amor» por «vivo en el amor». Y sitúo el amor en la cúpula del palacio, y bajo esa cúpula de amor se suceden y se desarrollan todas mis experiencias. Cuando eso ocurre, TODAS LAS EXPERIENCIAS VIVIDAS SON LA EXPRESIÓN DEL AMOR.

Debemos recordar que existe la Ley de los Opuestos. Para aprender lo que existe en un lado hay que saber cuál es la expresión del lado opuesto. Para reconocer qué es el amor debo reconocer qué es la falta de amor y abrazar ambas experiencias, del mismo modo que para aceptar un día de sol debo comprender qué es un día de lluvia y en lugar de renegar de ella, considerarla una bendición, pues sin ella el sol no tendría cabida en nuestro planeta.

Debemos aceptar todo tal cual es y superar todo lo que provenga de la vida. Si te ríes mucho, prepárate para llorar mucho, porque TODO TIENE QUE ESTAR EN PERFECTO EQUILIBRIO. En el proceso de automaestría es importante ser un gran observador. Aprendes más observando, escuchando y sintiendo que hablando. Si quieres saber cómo eres, observa tu realidad y las personas de tu entorno. En el universo existen leyes, y una de ellas es que LO SIMILAR ATRAE A LO SIMILAR, e incluso algo mucho mejor y algo mucho peor, pero solo para que reconozcas tu grado de evolución, y no para juzgarlo. Siempre debemos observarlo todo desde la humildad, para así poder crecer. Con una persona más evolucionada sentirás admiración por su ejemplo, y eso estimulará el deseo de mejorar algo en ti. Desearás ser como esa persona.

Hay diferentes grados de evolución. Algunos se encuentran en ese proceso evolutivo desde donde tú empezaste; por lo tanto, no los mires con arrogancia desde el ego, sino con humildad desde el corazón. Sé un punto de luz. Si caes en la trampa de sentirte superior, dejarás de ser un ejemplo y bajará tu vibración. Esto, como consecuencia, afectará a tu evolución.

Si te cuesta dirigir tu vida de forma consciente y sientes que no puedes controlar tu mente, tus impulsos y tus reacciones, y tampoco puedes vibrar en el presente o te cuesta dormir y ser feliz, perdonar, olvidar y aceptar a los demás, no desesperes, hay una solución llamada «RESET». Aquellos compañeros míos del curso zen que tienen la capacidad de realizar un reset te ayudarán a conseguir que se eliminen esos bloqueos y el lastre acumulado.

Te explicaré qué es el reset: imagínate al ser humano como un ordenador biológico que nace con su propio disco duro y con su propio programa principal. Su mente es la parte física donde se almacena el *software* de esta vida, donde se encuentran las fobias, los miedos y las creencias. Pues bien, cuando se hace un reset se accede al sistema operativo, como haría un técnico informático, mediante dos puntos energéticos. El reset, con esos puntos energéticos, consigue desechar el *software* erróneo y colocarlo en la papelera de reciclaje. Una vez terminado el proceso, que dura unos cinco minutos, la persona puede disfrutar de una sensación de paz, como si se hubiese quitado un gran peso de encima. Puede disfrutar entonces de una gran calma y de un sistema nervioso reconfigurado. Se encontrará en un estado mental más armónico y ecuánime al menos durante ese rato, porque a veces es imprescindible reformatear su mente.

Por eso, después de un reset, me encanta decir: «Tus deseos son órdenes. A partir de este momento, todo lo que pienses, lo que digas, lo que te imagines, lo que sientas, se va a hacer realidad. ¡Más vale que sea bueno!».

Siempre ha sido así, pero no éramos conscientes de ello. Después de un reset es aconsejable reflexionar sobre tu vida y enlazar acción con reacción. Observa tus palabras y los resultados, y asocia tus pensamientos y tus palabras con los hechos. A veces pueden transcurrir años entre la palabra pronunciada y sus resultados o consecuencias. Es el caso de una amiga que en una ocasión me dijo:

—Siempre he sabido que me casaría con un hombre llamado Carlos.

Años más tarde, se casó con un hombre que se llamaba así. ¿Estaba en su programa o lo creó con sus deseos? ¡Qué más da! Sus deseos se hicieron realidad, sus palabras se convirtieron en hechos.

Una vez realizado el reset, también podemos cocrear una nueva existencia, comprendiendo siempre que lo que eres en tu presente, lo que digas, lo que sientas, lo que vibres en este momento, creará tu mañana, tu futuro. Lo más importante es ser consciente de lo que piensas o lo que sientes en el aquí y en el ahora. Aquello en lo que hoy estoy vibrando, lo estoy creando para el mañana. Y tú, ¿qué piensas, en qué vibras, qué sientes hoy? ¿Estás vibrando con pasión, con amor incondicional, con la alegría y la inocencia de un niño pequeño, sabiendo que se van a cumplir todos tus deseos, sabiendo que vives en la abundancia? ¿O tal vez pensando con una mente limitada y por lo tanto limitando tu experiencia? Como dice siempre un gran amigo mío: «Somos maestros de la limitación».

Pero ya hemos pasado demasiado tiempo explorando la mente limitada; ¿por qué no empezamos a experimentar la mente ilimitada? Por eso señalé en mi anterior libro, *El Reset colectivo*: «Si quieres crear conscientemente, imagínate en la mejor situación, con una compañía inmejorable, y plasma un sueño en tu mente, pero no limites la experiencia». Puedes decir: «Este es mi deseo, o que venga algo MUCHO MEJOR». Porque quizás mi mente no sea capaz de imaginar lo que el universo puede tener preparado para mí. Por lo tanto, ¿por qué limitar la experiencia? Una vez tengamos ese concepto integrado en nuestra mente en proceso de expansión y deseemos lo mejor para nosotros, podremos celebrar los éxitos de los demás, lejos de envidias, pues lo que deseemos para los demás, recordemos, también lo estamos deseando para nosotros mismos.

Si nos rendimos a nuestro Ser con todo este conocimiento y le pedimos que nos conduzca por el camino más enriquecedor, tenemos que aceptar todas las consecuencias, sabiendo que todo aquello que nos suceda a partir de ese momento será justo lo que necesitamos para crecer en una evolución más elevada. Incluso aunque nos veamos sometidos a un drama o a un conflicto, debemos entender que esa situación es beneficiosa, pues todo, incluso lo negativo, puede ayudarnos a evolucionar.

Si aceptamos y abrazamos lo que nos venga, la mitad del trabajo ya está superado. No debemos resistirnos ni negarnos a aceptar esa realidad. Es preferible dejar que suceda lo que tiene que suceder desde la calma mental, la ecuanimidad, meditando, respirando..., en definitiva, permaneciendo en el ojo del huracán, donde todo está quieto aunque el mundo esté girando fuera de control. Eso significa estar en tu centro. Ser el centro.

Cuanto más avanzamos en nuestra evolución, más sensación de sosiego experimentamos y más rápido vamos saliendo del modo reactivo. CUANDO NOS ENCONTRAMOS EN MODO REACTIVO, EL EGO ESTÁ SENSIBLE Y SALTA EL GATILLO CON FACILIDAD. Tiende a protegerse y necesita atacar para defenderse. Es muy fácil perder el control y pronunciar palabras que salen de nuestra boca de forma descontrolada y pueden herir a otras personas. Pero debemos saber que todas esas palabras que proyectamos de forma negativa siempre regresan, con efecto búmeran, y tarde o temprano también nos dañan a nosotros. Hemos de ser conscientes de ello y aceptar todas las experiencias de la vida, que son necesarias para crecer.

Es curioso cuando observamos a las personas que han elegido evolucionar conscientemente. SON INDIVIDUOS SUMAMENTE VALIENTES, DISPUESTOS A ABANDONAR SU ZONA DE CONFORT. Salen a vivir las experiencias a todo gas, con el riesgo que esto puede suponer. Quienes se exponen al peligro —o supuesto peligro— a ojos de los demás, saben a ciencia cierta que no tienen nada que perder, porque ni siquiera tienen apego a su reputación, y sí todo por ganar. Porque en esos momentos de peligro son capaces de aprovechar todas las oportunidades para seguir evolucionando, para medir su barómetro de crecimiento espiritual.

Tengo un amigo que suele decir: «Las circunstancias no tienen importancia, sino lo que tú eres en ellas».

Las circunstancias se van a repetir una y otra vez a lo largo de tu vida hasta que aprendas que no tienen importancia en sí mismas. Lo único y verdaderamente importante es tu actitud ante tus experiencias y tus vivencias. Lo único y verdaderamente determinante es tu actitud frente a cada una de esas circunstancias.

Tienes todo el derecho a permanecer en tu zona de confort el tiempo que desees, disfrutando de ese momento. Incluso eso es perfecto. Pero desde tu sofá, con el mando a distancia de la tele en la mano, no señales, juzgues ni critiques a aquel que ha elegido salir de ella, porque puede que algún día tengas que agradecérselo, estés de acuerdo o no con su decisión. Acepta. Y cuando sientas que es tu momento, levántate y abandona el mando a distancia. Toma el timón de tu barco y atrévete a navegar en medio de la tempestad hacia tu nueva vida, dejando atrás muchos apegos, porque sabes que te toca explorar el mundo, lo desconocido.

Señales

¿Cómo saber cuál es el momento?

Primero tienes que desear encontrarlo, igual que cuando te pones delante del ordenador y tecleas en un buscador lo que te interesa. Luego dejas que el buscador encuentre todas las opciones. La clave es muy sencilla: primero pedir, verbalmente o por escrito, y después olvidar.

Hay que tener una inquietud interior para poder encontrar lo que buscas. Si no hay acción o intención, la respuesta nunca llegará.

No habrá señales que te guíen para orientarte. Debes fluir desde el corazón y convertirte en observador de tu propia experiencia. Primero pasas por la etapa inicial en la que comienzas a plantearte si esto o aquello está sucediendo por casualidad o es una mera coincidencia. Como cuando dices: «Qué casualidad, no sé por qué no paro de ver el número 22 por donde miro». Y te sorprendes de ver reiteradamente el número 22 en todas partes, en una matrícula de coche, en un teléfono, en el asiento del avión... Te puede parecer una tremenda casualidad. Pero si no comienzas a preguntarte qué te vincula con ese número y no con otro, de nada te sirve quedarte con este dato. Ahora es cuando empieza el juego.

Utilizo el 22 como un código, una señal. Y digo: «Cuando vea el 22 voy a preguntarme qué está ocurriendo en este momento, en qué estoy pensando o si siento algo en especial, o incluso qué es lo que he dicho justo en ese momento para que el 22 quiera llamarme la atención». En el momento en que aparece una señal, un número que se repite o un dato que me llama la atención de forma reiterada, tomaré esa señal como una confirmación de lo que estaba pensando, sintiendo o diciendo. Y será como un enorme «sí, HAZLO».

Puedo conscientemente pedirle a mi Ser, cuando necesite algún tipo de confirmación, que me ponga un 22 a la

Atrévete a ser tu Maestro

vista. Y si necesito una confirmación mayor, que sea un 2222. En ese momento empezará la magia, el divertido juego de la vida, de las señales. Decido mirar el reloj y son las 22:22, pasa un coche y su matrícula acaba en 22, me encuentro con alguien, me da su número de teléfono y resulta que en él aparece un 22, lo cual puede indicarme que he de llamarle, pues tiene algún tipo de vínculo o información que debe transmitirme.

Esto puede ocurrir con cualquier número. Yo escogí el 22 porque de niña, cuando me hacían elegir un número del uno al diez, siempre optaba por el 4, que en realidad era la suma de 2 + 2. Si podía elegir un número mayor, me decidía por el 2222.

No importa el código o la señal, sino tu reacción cuando aparece. Si es lo suficientemente importante para captar tu atención, utilízalo. Si tienes un número que resuena contigo o cualquier otro signo que pueda servirte de señal, empieza a jugar con él. Utilízalo. Presta atención a esos momentos en los que aparece. Y pregúntate siempre por qué se presenta en ese momento. Te hará suspirar, te alegrará, le dará gozo a tu alma. Y quizás en algunos de esos momentos encontrarás en una cena a veintidós personas sentadas a la mesa. O alguien te hará un regalo que contenga ese número. ¿Qué significa eso? ¿Por qué? Debes preguntártelo. A veces no tendrá un significado claro, pero puede aparecer a modo de entrenamiento.

Lo importante es estar atentos, conscientes y despiertos, para que cuando el ejercicio esté bien asimilado sepamos que esa señal que aparece viene a nosotros para confirmarnos algo importante de nuestra vida.

También puede tratarse de una canción que escuchas repetidamente y te crea una emoción, o que te evoca a una persona y de repente te transporta a un momento decisivo de tu vida, recuerdas la felicidad que vivías en ese momento y como resultado eleva tu alma en el presente. Cuando esto ocurre, reconectas con tu Ser, y se crea inspiración y conexión. Cualquier hecho que te apasione, que te conmueva el alma, que te resuene, que te haga sentir el gozo de vivir es una señal de que estás en armonía con tu Ser. En esos instantes la frecuencia se eleva y todo parece comunicarse de forma mágica.

Estate atento a todas las señales. ABRE TU PERSPECTIVA A UNA PANTALLA COMPLETA, COMO HACEN LOS NIÑOS DE FORMA INOCENTE; ELLOS, GRACIAS A LA AMPLIA VISIÓN QUE TIENEN DE SU REALIDAD Y A SUS SENTIDOS MÁS AGUDIZADOS, CAPTAN TODAS LAS SEÑALES. Pueden incluso intuir lo que vas a decir. Pueden de alguna forma, leerte la mente, sabiendo cómo vas a reaccionar. Por eso para ellos es fácil manipularte. Solo están explorando, sin maldad, inocentemente, cómo llamar tu atención. Los adultos solemos tener una recepción menor porque estamos siempre anclados en nuestra mente, y por ello no vemos las señales con tanta facilidad. Razonamos demasiado en lugar de fluir a través de la intuición. Es la razón por la que solemos rechazar las primeras sensaciones o las primeras intenciones, que generalmente son las más importantes pero que percibimos como no válidas porque la mente dice: «Sí, pero...».

CUANDO UNO SIENTE LA INSPIRACIÓN DE ACTUAR, ESA INSPIRACIÓN NO SALE DE LA MENTE, SINO DEL CORAZÓN, O DEL DISCO DURO, PORQUE CUANDO UNO ESTÁ *IN SPIRITU*, LA ACCIÓN NO FLUYE

DE LA MENTE, SINO DE SU PROPIO SER. Solo la mente niega la inspiración con un «sí, pero...», «no puede ser», «eso no es verdad», «no es real» o «no es factible», intentando razonar todo lo que ocurre. Cuando estamos inspirados, sabemos interpretar las señales, porque en ese momento no interviene la mente, solo existe una conexión profunda con nuestro Ser.

Observa. Cuando pones tu atención sobre un objetivo, esa petición se multiplica. Por ejemplo, cuando una mujer descubre que está embarazada, comienza a ver embarazadas por todas partes. Cuando alguien se rompe el brazo, de repente ve a muchas personas con el brazo escayolado. Pero si no prestas atención a las señales, no percibes nada, vives en plena ignorancia.

En cierta ocasión me senté con mi hija, que estaba con fiebre, y para distraerla hicimos un juego. Le dije:

—Vamos a crear mariposas. Vamos a estar un ratito diciendo la palabra «mariposa», cantando, hablando, gritando sin parar sobre mariposas.

Lo divertido es que como ese día no pude ir a la consulta porque mi hija estaba enferma, la gente tenía que venir a casa. Lo increíble es que tres de las personas que vinieron trajeron regalos con mariposas: una cajita con una mariposa grabada en la tapa, una pinza de pelo con forma de mariposa y un paquete de pegatinas de mariposas. Y cada vez que recibíamos uno de esos regalos, mi hija decía:

—¿Ves lo que hemos creado? Es verdad, funciona, hemos creado mariposas.

Y con esas sorpresas, se le fue la fiebre. Empezó a disfrutar de los regalos de nuestra creación. Desde entonces, estos insectos nos persiguen. El efecto duró más de la cuenta, pues ahora, vayamos a donde vayamos, nos encontramos mariposas.

Incluso en una ocasión, vimos nacer una en un mariposario y fue una experiencia increíble. En Fuerteventura, nos llevaron al comedor de un hotel, todo lleno de mariposas en las paredes. Siempre es una alegría ver cómo nos acompañan.

Hace poco, recién llegados a Málaga, nos llevaron de visita a otro bellísimo mariposario. Me hizo reflexionar sobre la vida de una mariposa y sobre la transformación. Nace y vive en su primera etapa como oruga. Luego se transforma en crisálida. Pasado un tiempo, nace la mariposa. Cuánta transformación de un solo Ser en una sola vida. Se cierra una etapa y empieza otra completamente distinta, cada cual más maravillosa que la anterior. El milagro de la vida está completamente enlazado con el cambio constante, con la transformación.

En ese momento pensé que quizás la transformación que nos corresponde como humanos es saber vivir como oruga y renacer como mariposa, un nuevo Ser luminoso capaz de volar y envolver el susurro del aire con su vuelo. Justo cuando la oruga piensa que se acabó el proceso, empieza uno nuevo de quietud para dar vida física a su hermoso Ser libre, alado y colorido, del que emana tanta y tanta inspiración por su belleza.

Cuando prestas atención a las señales, sabes interpretar sus mensajes y aparcas la idea de que son casualidades, empieza la magia de la vida porque sabes que nada es casual. Todo está perfectamente orquestado. Y dependiendo de tu nivel de conciencia, dirigirás con maestría tu propio barco hacia donde quieras ir, en lugar de continuar viviendo a la deriva.

Momentos mágicos

El primer momento mágico consciente que viví fue cuando tenía diecisiete años recién cumplidos y estaba trabajando con una familia en el sur de España como niñera. La señora de la casa me contó las historias de las anteriores niñeras para ponerme al día de la situación. Puso mucho énfasis en una chica inglesa que había pasado el verano en su casa cuidando a sus tres hijos. Me dijo que esa chica le había robado una sortija de gran valor y tuvo que despedirla.

Para mí fue un verano particularmente duro, al ser una experiencia de independencia lejos de mi familia, de Irlanda, y al servicio de una familia bien situada socialmente en un país que no conocía. Yo solo era una trabajadora joven e inexperta. Recuerdo que intentaba hacerlo todo lo mejor posible para complacerles, dando clases de inglés, planchando, limpiando y ayudando a los niños, algo que no me resultó nada fácil. Estaba bajo las órdenes de una persona muy autoritaria. Pero me fue maravillosamente bien para madurar y para perfeccionar mi castellano a tan tierna edad, y de paso valorar lo que tenía en casa.

Dos días antes de marcharme para Irlanda, la señora me acusó de haberle robado un reloj a su hija, algo que quedaba bastante lejos de la realidad. Me sentí, como es natural, muy indignada. Me hizo vaciar la maleta y no encontró nada. Hubo mucha tensión en la casa. Fui a Madrid para visitar a una amiga irlandesa que también había trabajado de niñera. Quedamos en las escaleras que había delante de una oficina de Correos para intercambiar nuestras experiencias de ese verano. Ella había estado en Soria, y yo en Andalucía.

Estábamos hablando bajo un sol de justicia cuando me fijé en una mujer sentada en un escalón un poco más abajo con sus hijos pequeños y con un embarazo muy avanzado, y dije:

—Pobrecita esa señora, con este calor, con una barriga tan grande y unos niños tan pequeños, lo mal que lo debe de estar pasando con este tiempo tan caluroso.

Ante ese comentario, la mujer se giró y me preguntó en un inglés perfecto qué hora era. Entonces pensé: «Tierra, trágame, lo ha escuchado todo».

Me quedé de piedra cuando me preguntó:

—¿Has estado este verano trabajando con la familia Morales?

—Sí, ¿cómo lo sabes?, contesté.

—Es que yo también fui niñera de esa familia hace cuatro años y he reconocido el nombre de los niños de los que habéis estado hablando. Cuando has dicho que te habían acusado de haber robado un reloj, me he acordado de la experiencia que viví con ellos, porque a mí me acusaron de haber robado una sortija.

Sorprendida, le pregunté:

—¿Tú eres Teresa?

No podía dar crédito a lo que estaba escuchando, pues aquella mujer era la niñera que había estado en la misma casa donde yo había trabajado ese verano. Cuando volví a Andalucía, a casa de la familia y le expliqué lo que había ocurrido, fuimos atando cabos y nos dimos cuenta de que era su hija la que lanzaba ese tipo de infamias, para deshacerse de las niñeras, porque no quería dar clases de inglés.

Esa fue la primera vez que tomé conciencia del significado de una auténtica sincronía. ¿Cómo te quedas ante una situación así? A mí me hizo cuestionarme muchas cosas y me obligó a hacerme muchas preguntas respecto a aquel encuentro. Necesitaba paz interior, y esa mujer me la aportó. Me sentí tranquila al ver que esa acusación había sido falsa. Está todo bien, estaba todo bien. No podía volver a Irlanda sintiendo esa rabia. Cada uno tenía su propia realidad y su propia razón. La señora de la casa se quedó muy angustiada porque había descubierto lo que había hecho su hija.

Regresé a esa casa, de visita, diez años más tarde. Los hijos tenían diez años más, y pudimos conversar y recordar aquella experiencia de esos dos meses y medio de convivencia con alegría y buen humor, y con la confesión de la niña, ahora con veintidós años, de cómo intentaba deshacerse de sus niñeras. Y todo quedó definitivamente resuelto.

Otro momento mágico muy reciente fue cuando mis amigas me «raptaron» para llevarme a un *spa*, ya que me veían muy cansada y deseaban hacerme este regalo. Cuando estábamos en el vestuario, desnudas, y comentábamos lo relajadas que nos habíamos quedado después de esa sesión, mientras me peinaba tras la ducha, detrás de mí, una señora también desnuda me preguntó:

—¿Eres Suzanne Powell?

—Esta es una versión de Suzanne— le respondí.

Ella me dijo:

—No me lo puedo creer, te he reconocido por la voz. Hoy es mi cumpleaños y mi hermana me ha regalado una sesión de *spa*. Soy seguidora tuya, he hecho tus cursos y tenía pendiente pedirte una consulta para un reset, ya que me estoy recuperando de un cáncer.

Le pedí que me diera unos minutos para vestirme y le regalé un reset en el vestuario. Me expresó su enorme gratitud por el regalo inesperado de cumpleaños. Y dijo que tenía ganas de salir corriendo a contárselo todo a su hermana. Una hermosa sincronía, al ver cómo el universo te concede de forma, a veces extraña, tus deseos.

Lo pidió y lo recibió. Y especialmente para su cumpleaños. Ella jamás se habría imaginado un regalo así. Me sentí muy contenta al verla tan feliz. Cuando salimos del *spa*, vimos con sorpresa que nos estaban poniendo una multa por habernos pasado del tiempo de estacionamiento permitido. Pero llegamos a tiempo para cancelarla pagando lo correspondiente.

Otra experiencia que guardo en mi memoria con cariño sucedió hace unos quince años, cuando trabajaba de conferenciante de nutrición y medicina ortomolecular. Me tocó salir un domingo por la mañana temprano en plena tormenta con traje de ejecutiva, tacones y maletín. Tenía que pedir un taxi pero no aparecía ninguno a esas horas, por lo que me quedé en la entrada del portal, pensando qué hacer, pues no había ni un alma en la calle. Un poco desesperada por la hora, pedí al universo que por favor me enviara un taxi. Y de la nada apareció de repente un motorista que venía en sentido contrario, se subió a la acera y paró delante de mí. Levantó la visera de su gran casco negro y brillante, y me preguntó amablemente:

—¿Necesitas un taxi?

Me quedé tan sorprendida que apenas pude contestar que sí.

Todavía recuerdo su aspecto. Un gran cuerpo totalmente cubierto con un traje de cuero negro. Siguió en sentido contrario, por la misma calle, y se giró hacia la izquierda. Pensé que estaba loco. ¿De dónde había salido y hacia donde iba? No pasó ni un minuto, cuando vino un taxi y se paró delante de mí. El taxista bajó la ventanilla y me dijo:

—El taxi es para usted.

Le di las gracias y miré al final de la calle, donde se encontraba parado el motorista con la visera levantada. Me lanzó un beso con las manos, se bajó la visera y siguió en dirección correcta. En ese momento me quedé parada, preguntándome quién era. Pedí que volviera, pero mi ángel no regresó. Me subí al vehículo y el taxista me dijo con una gran sonrisa:

—Buenos días, princesa atlante, ¿a dónde vamos hoy?

Tuvimos una conversación tan familiar como si nos conociéramos de toda la vida. Le expliqué lo que acababa de suceder, pues no daba crédito. Y él me dijo:

—Es que así es la vida para las princesas.

Fui a dar la conferencia con una enorme alegría de lo sorprendente que puede ser la vida y el sentimiento de sorpresa y magia que me invadió al haber experimentado tal acontecimiento.

Por la noche llamé a mi maestro, que estaba de viaje, y le comenté todo lo que había ocurrido. No le dio ninguna importancia. Solo me dio una pincelada de todo aquello que me faltaba comprender con respecto a la multidimensionalidad del ser humano. Me dijo:

—Suzanne, tú pediste ayuda porque necesitabas un taxi. Y se manifestó la ayuda y el taxi en ese momento. ¿Ves que no tienes que preocuparte por nada? Siempre tendrás todo lo que necesites para seguir tu camino.

Aquella experiencia me dio muchos motivos para pensar. Incluso llegué a dudar de si aquellas personas eran reales o ángeles manifestados espontáneamente de otra dimensión. Estaba cargada de interrogantes por todo lo que había ocurrido.

Otra experiencia que viví tiene que ver con un viaje que hizo mi maestro desde Francia a Estados Unidos. Yo estaba en Barcelona, y él, recién llegado al aeropuerto francés, recibió una llamada por megafonía para que fuera al punto de información. Una vez allí, la recepcionista le dijo:

—Suzanne Powell al teléfono.

Cuando se dispuso a contestar, resultó que no había nadie en la línea. Pensó: «Qué raro, ¿por qué me llama Suzanne al aeropuerto?».

Cuando llegó a Estados Unidos, sucedió exactamente lo mismo. Le llamaron por megafonía, y se repitió la historia, seguía sin haber nadie al otro lado del teléfono. Volvió a pensar que algo me ocurría. Cuando llegó a su casa de Estados Unidos, volvió a sonar el teléfono. Era yo, y después de lo que lo saludé, me preguntó:

—¿Cómo sabes que estaba entrando en mi casa justo en este momento y por qué me has llamado a ambos aeropuertos?

Yo le contesté que no sabía nada y que no le había llamado a ningún sitio, que solo en ese momento me había venido a la mente telefonearle para comprobar si había llegado bien. Y él dijo:

—Es curioso, nos queremos tanto que cuando pensamos el uno en el otro, en ese preciso momento, se manifiesta una llamada. Significa que en ambas ocasiones los dos hemos pensado simultáneamente el uno en el otro con profundo amor incondicional. Recuerda eso para el futuro.

Un mes después del fallecimiento de mi maestro, recibí una llamada desde Estados Unidos de una persona conocida suya, que me dejó un mensaje en el contestador. Todavía lo conservo, a pesar de los años que han transcurrido. A la mitad del mensaje se interrumpe y suena la voz de mi maestro, con un mensaje muy importante para mí. Y luego continúa la voz de esa otra persona. Compartí ese mensaje con otros compañeros zen y amigos míos, que me confirmaron que efectivamente se trataba de su voz. Eso me demostró que el amor existe más allá de la vida física, y que mi maestro sigue velando por mí y por mi hija.

Los momentos mágicos son inexplicables, casi increíbles. Si te plantearas realmente que pudiera suceder algo a este nivel, casi podrías confirmar que habría cero posibilidades de que ocurriera. Lo verías prácticamente imposible, y te dirías: «Sigue soñando».

Los momentos mágicos suceden sencillamente si nos mantenemos en un estado de relajación, sin pensar en nada. Suelen producirse justo en ese momento de quietud mental. Nos llega una información o una inspiración, incluso una solución para un asunto que nos ha estado preocupando durante mucho tiempo. Es solo cuestión de aprender a deshacerte de las pautas mentales, y buscar la calma y la paz interior, con el sistema nervioso en equilibrio y evitando actuar desde un estado reactivo. Es decir, se trata de permanecer en tu centro, en todas las circunstancias posibles e imaginables.

En esos momentos de calma, tenemos la facilidad de acceder a nuestro disco duro, nuestro Yo Soy, nuestro Yo verdadero, nuestra esencia, nuestro Dios, o como queramos llamarlo.

Solo en esos momentos de sosiego y ausencia de mente se puede generar una transmisión de datos desde el centro universal hasta nuestro centro. A partir de ahí podemos interpretar esa información desde la conciencia y la calma.

Otros momentos mágicos pueden suceder en estado de vigilia, justo cuando estás despertándote de un sueño. El cuerpo mental es el cuerpo no físico, ese cuerpo eterno que viaja y busca toda la información que contiene el universo, incluyendo la de todas nuestras vidas. Podríamos afirmar que navega bajo nuestra propia petición o con libre albedrío, y luego vuelve con dicha información (*software*) almacenada en el «disco duro» —o supermemoria multidimensional del cuerpo mental—, hasta que nuestra mente consciente la solicite.

El disco duro o la supermemoria reside en el centro de nuestro pecho, el cuarto chakra. Es ese lugar tan especial donde sentimos esa sensación o palpitación cuando nos enamoramos y donde nos señalamos con el dedo cuando decimos «yo». ¿A qué nos referimos cuando señalamos al pecho? No nos dirigimos a la cabeza, sino al pecho. Señalamos a nuestro Yo Soy verdadero, donde residimos realmente.

Ahí está tu maestro, el verdadero maestro; por lo tanto, tú eres ese maestro. Eres tú en la versión más pura y elevada de quién eres realmente. Para ser tu propio maestro tienes que estar en plena comunicación contigo mismo, profundizar en tu propio ser. Ahí es donde reside la verdadera libertad, salir de la ignorancia del no ser, adquirir toda sabiduría. Bajo mi punto de vista y por mi propia experiencia, la verdadera sabiduría reside en saber lo que tienes que saber en el momento en el que realmente lo necesitas. Por lo tanto, ¿por qué preocuparse? Cuando necesites saber algo, lo sabrás en el momento justo, ni antes ni después. En ese caso, ¿por qué anticiparse a problemas cuando todavía no existen? Puede que los crees precisamente por prestarles atención, ya que de esta manera los estás proyectando, le estás dando la orden al universo para que se generen. La regla es bien sencilla: ese puente lo cruzarás cuando llegue el momento, y no antes.

Cuando se te plantee un problema en un futuro, lo ignoras y dices de forma consciente: «Atención, vivo el presente, y ese puente no lo voy a cruzar de forma anticipada. Cuando llegue ese problema, si ha de llegar, tendré todas las herramientas para solucionarlo». Así que vive en el presente, instalado en la armonía y en la conciencia, porque el futuro no existe y el pasado ya pasó. Siempre podemos recalcular cada instante, cada momento, para adaptar nuestra vida a lo que deba venir según nuestro programa.

El tiempo

D ichoso reloj. Nunca tenemos tiempo para hacer todo lo que queremos. Deseamos hacer tantas cosas..., pero nunca disponemos de tiempo suficiente.

En realidad, poseemos todo el tiempo del mundo. Podemos ser maestros del tiempo. ¿Cuántas veces hemos observado que cuando estamos disfrutando pasa el tiempo volando? En cambio, en esas noches en que no puedes conciliar el sueño o cuando esperas impaciente que llegue el primer día de tus vacaciones, el tiempo parece una eternidad. En esta vida ilusoria pensamos que el tiempo es lineal, cuando en realidad no es así. Cuando comprendemos la multidimensionalidad del ser humano, entendemos que todo se rige por frecuencia. Pensamos en un tiempo lineal y decimos: «Cuando tenga esto o lo otro, podré hacer esto o aquello».

Dirigimos nuestros pensamientos para alcanzar una meta y pensamos que no es posible conseguirla sin haber pasado por una serie de circunstancias en el tiempo. Nos imaginamos que es necesario tener un cierto tiempo establecido para crear lo que deseamos vivir o saborear en esta existencia, en lugar de cocrear como los niños y creer en la magia y en las manifestaciones inmediatas de nuestros deseos. La premisa «pide y se te dará» para ellos es una auténtica realidad. Siempre están dispuestos a inventar cualquier estrategia para conseguir su propósito cueste lo que cueste. En cambio, el adulto, al creer en lo no posible, crea su propia limitación. Siempre dice: «Esto no puede ser real». Somos incapaces de imaginar cómo podemos lograr algo, sin tener a, b, c, d y todo el abecedario de circunstancias que creemos imprescindibles para conseguirlo. Podemos creer en atajos —y crearlos— en lugar de tener que pasar por primaria, secundaria, el bachillerato y la universidad para alcanzar nuestra maestría.

La regla es: «Hazlo fácil, sé sencillo,
no compliques las cosas».

Me rindo a mi Ser para que se simplifique el camino, para que manifieste mi deseo de alcanzar la maestría y se cumplan mis sueños para mi propio beneficio y para el beneficio de todos. Eso me permite disfrutar de mis deseos y necesidades, por lo que me relajo, disfruto de mi camino en cada momento y observo cómo se abre ese camino más corto delante de mí con la absoluta confianza de que es perfecto y justo lo que necesito en ese instante. Debe ser sin resistencia, sin negación, sin rechistar, con total y plena aceptación.

La ley del mínimo esfuerzo es el camino más rápido. Nada requiere un esfuerzo, salvo que tu mente limitada haya programado que hay que luchar para conseguir lo que necesitas.

Esto es cierto. Realmente no necesitamos nada, salvo que tu mente crea que se precisa una serie de pruebas o circunstancias para conseguir los objetivos. Sin embargo, es todo lo contrario: se trata más bien de quitarnos peso de encima en lugar de acumular más en nuestra mochila. Es cuestión de vaciar y practicar el desapego total. Cuantas menos cosas metamos en la mochila, menos pesará y más fácil será andar por nuestro camino.

Créditos y débitos

Para ser maestros del tiempo, hay que entender cómo funciona la Ley de Causa y Efecto, la Ley del Equilibrio. Si tienes prisa por alcanzar la abundancia, la felicidad y el amor, solo debes eliminar todo aquello que pueda estar impidiendo que logres el equilibrio. Si deseas amor, da amor. Cuanto más entregues, más acumulas para ti. Si vives en escasez, comparte lo poco que tienes y observa cómo regresa a ti. Si vives deprimido, busca quien te ofrezca la oportunidad de regalar sonrisas, porque siempre hay alguien peor que tú. Verás cuánta felicidad sientes al recibir una sonrisa que parecía casi imposible. Y de repente empiezas a salir de ese hoyo en el que te tiene sumido la depresión.

Para ser maestro del tiempo, es imprescindible entender que en el universo todo es cíclico. Hay ciclos de un año, de doce años, ciclos mensuales y menstruales, lunares y solares, cósmicos… Todo vuelve, por lo tanto, en la Ley de Acción y Reacción: siempre regresa lo que das. Y cuando eres consciente de que siempre es así, empiezas a tener más cuidado con lo que das y procuras que todas tus acciones, palabras, sentimientos e intenciones surjan del amor incondicional. Cuantos más actos de amor incondicional, actos de caridad y gestos de entrega practiques, más créditos acumulas en tu cuenta de lo que llamo «el banco de la Divina Providencia».

Cuanto menos tiempo transcurra entre el deseo y su manifestación, más créditos habrás recaudado a tu favor. Y cuando ocurre de forma instantánea, es decir, pides e inmediatamente se te da, eso significa que te has convertido en un excelente maestro del tiempo, porque sabes que el tiempo ya no existe y que no hay que hacer nada para conseguir lo que necesitas. Has aprendido a vivir en abundancia y sabiduría, porque estás en equilibrio con el universo y contigo mismo. ¿Te apetece un helado de chocolate? Muy bien, el universo toma nota y en ese preciso instante pasa una persona cerca de ti y te ofrece un helado de chocolate. Da igual por qué ha ocurrido y cómo; simplemente de alguna forma mágica se ha manifestado tu petición. La magia actúa y la verdadera maestría se muestra cuando el universo te ofrece una nevera repleta de helados para que escojas y puedas compartirlos con todos tus amigos.

El tiempo no existe. Todo es impermanencia; por lo tanto, siempre hay tiempo para hacer todo aquello que realmente desees. Solo debemos marcar nuestras prioridades y estar siempre dispuestos a cambiarlas si es necesario. Las preferencias pueden modificarse sobre la marcha según las circunstancias. Nada tiene importancia, solo la que tú le des.

A veces vienen padres con sus hijos adolescentes a mi consulta y me piden que les haga un reset para que sepan organizarse mejor en sus estudios, su tiempo, su ocio, sus amigos, en definitiva, toda su vida, al gusto de los padres. Y yo solo escucho a esos chicos, intentando meterme en su piel y comprender sus inquietudes, sus insatisfacciones, sus frustraciones y sus autolimitaciones porque no saben alcanzar las expectativas que les crean sus progenitores.

Con los padres delante, les comento que tienen que hacer su vida, seguir su camino y descubrir su don, su talento, para ser felices. Les indico que el sistema educativo está caduco, lleno de paradigmas anticuados y patrones obsoletos, y por lo tanto no puede adaptarse a ellos. Son las nuevas generaciones las que deben cambiar ese sistema con su energía, con su rebeldía hacia lo antiguo, con la no aceptación de las viejas reglas.

Les hablo de la importancia del respeto hacia sus padres y sus profesores, pero también de la necesidad de que sigan sus sueños a pesar de las expectativas de aquellos. Cada niño posee un don, un talento especial, algo que sabe hacer mejor que nadie más en este mundo. Pero los niños necesitan los estímulos suficientes, estar en paz para poder apasionarse con lo que les puede, sin duda, hacer felices. Si les proporcionamos esos recursos, se encontrarán en la frecuencia correcta y tendrán plena libertad para expresar su creatividad y todo su potencial sin miedo a las críticas, a los prejuicios o a las burlas.

Hace poco conocí en la consulta a un chico de quince años que según su madre era un auténtico vago, porque no quería estudiar. Se aburría en el colegio; para él «era un rollo», como para muchos otros. Puede que muestren interés en una o dos asignaturas, pero ¿por qué deben sacar buenas notas en todo? Porque el sistema dice que si no aprueban los exámenes, de la forma que según ellos debe ser, no serán nadie, no podrán ganarse la vida. Y por lo tanto, los padres caen fácilmente en el error de presionar a sus hijos, pues desean que sean «alguien» en la vida. Siguiendo ese patrón, esa regla de la sociedad, estamos negando a esos nuevos Mozart, Einstein, Beatles, Borges o Velázquez de nuestros días.

Cuando le pregunté a ese chico cuál era su don, su pasión, su talento, aquello que sabía hacer mejor que nadie, me miró con cara de no entender nada, así que le dije en su propio lenguaje, mientras le daba un codazo de «colega»:

—Oye, tío, ¿a ti qué te mola?

Su madre nos interrumpió y dijo:

—A él le encanta la magia.

La miré para que guardara silencio y dejara que su hijo se expresara por sí mismo, para así poder sintonizar con el chico hablando de la magia y del espectáculo. Le hablé de amigos míos magos, le enseñé algunas fotos especiales que a veces salen en los cursos y le dije que, de alguna forma, yo también era maga, ya que hacía magia con las personas que me pedían ayuda. Y de repente se le abrieron los ojos como platos. Lo tranquilicé:

—No te preocupes por el colegio. Para tener a tus padres satisfechos, aprueba todas las asignaturas, pero no malgastes tu tiempo en aquello que te haga infeliz, que te deprima. Invierte en ello el tiempo justo, y luego el resto en aquello en lo que brillas, para que puedas convertirte en un verdadero maestro de eso que has venido a hacer en esta vida.

¡Cuánto tiempo invertimos en cosas inútiles! ¿Hemos contado alguna vez todo ese tiempo que malgastamos? Y qué poco invertimos, sin embargo, en el juego de la vida, en las relaciones, en todo aquello que nos apasiona, en poder experimentar una gama amplia de sensaciones, explorando todos los cambios que se producen en nuestra vida. En lugar de eso, nos encerramos en una oscura habitación con luz artificial y hacemos aquello que no nos satisface.

El que logre unas notas excelentes será brillante para una profesión, y todo le fluirá de forma natural y sin ningún esfuerzo. Pero aquel que está ahí *luchando* para sacar buenas notas *luchará* el resto de su vida para sobrevivir. Porque habrá interpretado que para ser «alguien» hay que hacer un sobreesfuerzo. ¿Cuántos profesionales insatisfechos y frustrados existen actualmente en nuestro mundo? Seguramente preferirían tener otro empleo, aunque eso implicase ganar menos dinero. ¿Cuántas personas viven de lo que realmente aman?

Esto nos lleva a una pregunta importante: ¿qué les estamos enseñando a nuestros hijos? ¿Qué clase de enseñanza les estamos transmitiendo? No son de nuestra propiedad. Solo son seres prestados, maestros que vienen a ayudarnos en nuestra evolución. Nos enseñan a ser padres, y ya sabemos que no vienen con el manual de instrucciones. Nos dan la oportunidad de experimentar el amor incondicional, la paciencia, la tolerancia y la aceptación. Los amamos tal y como son, o al menos así deberíamos hacerlo. No podemos pretender que sean como nosotros fuimos porque los tiempos han cambiado. Debemos aprender a ser inocentes como los niños en lugar de enseñarles a ser adultos. Pero el ego del padre o de la madre impone sus normas, sus creencias: «¡Tienen que hacer esto o aquello porque lo digo yo!». Tenemos una lección de humildad y respeto hacia nuestros hijos pendiente de aprender. En ella reside la maestría de los padres.

La mejor manera de alcanzar tu maestría es desandar el camino andado para recuperar a tu niño interior.

¿Y cómo podemos reencontrarnos con nuestro niño interior? Dándonos permiso para ser como ellos, con la misma inocencia y sinceridad. Expresando nuestros sentimientos con libertad. Comentando abiertamente nuestras inquietudes, frustraciones, insatisfacciones, deseos y anhelos, humildemente, sin esperar nada a cambio, sin esperar recompensa ni reconocimiento, sin miedo al rechazo y a la burla. Si todos fuésemos como los niños, ya tendríamos el paraíso en la Tierra.

Una pequeña reflexión. Imaginémonos una escena: la hora del recreo en un colegio de niños de primaria. Cuanto más pequeños, mejor, menos mente, menos programación y más naturalidad y espontaneidad. En ese patio hay varios juegos colocados en distintas zonas. Vemos cómo un grupo grande sale de una clase y cada niño se coloca libremente ante el juego que más le atrae. Los grupos se forman según las preferencias de cada niño.

Los niños van a aprovechar al máximo ese tiempo para disfrutar plenamente. No abandonarán un juego para ir corriendo a probarlos todos, sino que se mantendrán intensamente en el presente mientras puedan sacarle provecho. Cuando ya se hayan cansado, buscarán otra distracción, otro grupo, pero sin entrar en el proceso mental de analizar cuál sería el mejor. El niño se mueve según su vibración y sin miedo, de forma instintiva, como lo hacen los animales. Al igual que cuando está en casa, si entra un invitado de mal humor, deprimido o borracho, no se acercará, sino que sentirá la necesidad de refugiarse debajo de la falda de su madre. O por el contrario, cuando entra alguien lleno de amor, alegría y sonrisas, el niño se siente atraído si el sentimiento es verdadero y si esa vibración es real y positiva.

Volviendo al patio, una vez acabado el tiempo del recreo, los niños vuelven alegremente a clase, tras haber disfrutado del presente, después de ese rato de diversión.

Ahora imaginemos que enviamos al patio a los adultos y les decimos: «Tenéis una hora para hacer lo que queráis». Inmediatamente, ¿qué hacen los adultos? Lo primero es MIRAR EL RELOJ. El tiempo es lo más importante para ellos, a diferencia de los niños, para los que solo existe el ahora. Lo segundo será intentar probar todos los medios de diversión que tienen a su alcance, en lugar de disfrutar de uno solo, porque el tiempo corre.

¿Qué más les preocupará? ¿Dónde pondrán su atención? El adulto siempre colocará un filtro para seleccionar un juego o un grupo. No tiene un instinto nato para explorar con placer, con todas las consecuencias, sino que se dejará llevar por el código del miedo y la prudencia que tiene integrado. Analizará mentalmente, poco a poco, dónde podría encajar mejor. Buscará el juego y el grupo más afín a sus gustos, preferencias y miedos, sin dejarse llevar por la espontaneidad. Inevitablemente, se dejará arrastrar por los prejuicios y temerá que el resto no lo acepte.

Unos buscarán protagonismo, otros querrán pasar desapercibidos, algunos desearán que el tiempo pase rápido, y otros, que el recreo dure más tiempo. Todos ellos estarán analizando desde la mente y no disfrutando desde el corazón simplemente del presente, en el lugar apropiado y más afín. ¿Por qué no ser como los niños y disfrutar sin la necesidad de saberlo, probarlo y explorarlo todo? ¿En qué recreo prefieres estar tú? ¿En qué recreo desearás estar para ser más libre, más como tú eres en verdad? ¿Cuántas cosas hacemos hoy en día por puro placer?

TODOS BUSCAMOS EL EQUILIBRIO, la libertad para seguir nuestro camino, vivir y sentir el amor en armonía para ser felices. Pero tenemos que respetar el ritmo de cada uno, a sabiendas de que la felicidad es solo una señal de que nos encontramos en el camino correcto. Por eso no debemos juzgar a nadie porque, CADA UNO ESTÁ VIVIENDO SU PROPIA EXPERIENCIA AL RITMO QUE NECESITA PARA SU APRENDIZAJE, EXPERIENCIA Y EVOLUCIÓN. Y se le debe dejar madurar a su propio ritmo. Por lo tanto, hay que simplificar y relajarse, fluir libremente, no crear expectativas ni exigir la perfección. Debemos decirnos: «Ya tengo suficiente trabajo conmigo mismo. ¿Por qué voy a invertir mi tiempo intentando cambiar a los demás, solo para sentirme más cómodo?».

Recordemos que es difícil crecer en la zona de confort. Como señalé en mi libro anterior, *El Reset colectivo*, quien puede tocar tu tecla sensible, quien sea capaz de hacerte saltar, el que te haga enfadar y te saque de tus casillas, es tu verdadero maestro porque te está demostrando que todavía no has alcanzado la automaestría. Por ello, dale las gracias y acepta con humildad que todavía te queda mucho por aprender.

¿Dónde encontramos a esos maestros con más frecuencia? Sin duda, dentro de nuestra propia familia, porque tenemos que «aguantarlos» de por vida, sin escapatoria. Tienes la oportunidad kármica para superar tus debilidades durante ese tiempo de convivencia con tus hijos, con tus hermanos, con tus padres, porque de algún modo están ahí para ayudarte a encontrar tu propio equilibrio kármico. Es una oportunidad preciosa para aprender.

Cuando salimos de la familia, por naturaleza tendemos a buscar una pareja. Una vez más estamos buscando el equilibrio, la armonía, la paz y la felicidad. Y solo atraeremos hacia nosotros ese espejo que reflejará lo que hay en nuestro interior en ese momento, con la vibración que estamos transmitiendo o emitiendo en esas circunstancias. Si no te gusta lo que se manifiesta en tu realidad y en las personas que encuentras en tu entorno o con las cuales compartes una parte importante de tu tiempo, reflexiona y mira dentro de ti. Y piensa: «¿Qué es lo que tengo que cambiar dentro de mí para cambiar lo que estoy experimentando fuera de mí?».

Por ejemplo, si me miro en un espejo y me veo reflejada en él con el pelo revuelto, de nada sirve peinar mi imagen en el espejo. Debo cambiar ese reflejo peinando mi pelo real. Es una analogía perfecta para entender cómo se refleja nuestro interior en el exterior.

A aquellos maestros que se presenten en nuestra vida como nuestra pareja, debemos darles las gracias interiormente por ofrecernos la oportunidad de ser una versión renovada o más actualizada de nosotros mismos. Cada persona que se cruce en nuestro camino es un ángel, a veces con disfraces peculiares, que nos brinda oportunidades para crecer, aunque no lo parezca en el momento. Siempre debemos agradecerles su presencia de corazón, y jamás lamentándonos.

De nada sirve estar continuamente arrepintiéndose por lo vivido en el pasado ni buscar siempre culpables, pues si vivimos en el pasado de nuevo captamos esa vibración y la traemos al presente, desde donde cocreamos nuestro futuro. Resultado final: el futuro solo será más de lo que hemos vivido en el pasado. Por lo tanto, ¿cuál es la lección? El pasado, pasado está; por ese motivo, el mejor camino es perdonar, olvidar y aceptar. Y por supuesto, siempre, siempre, siempre, dar las gracias.

Hoy soy una nueva versión actualizada de quien fui ayer, y mañana seré una nueva versión actualizada de quien soy hoy. Por la Ley Universal, por los propios ciclos de la vida, en ocasiones reaparecen personas del pasado con las cuales hemos sufrido conflictos, roces o desamores, y nos dan la oportunidad de saldar cuentas y de encontrar la armonía y el equilibrio desde el perdón, el olvido y la aceptación, pero ahora con una nueva versión actualizada. Por lo tanto, jamás hay que juzgar a nadie por sus actos, palabras o sentimientos del pasado; siempre debemos recibir a esas personas con la frescura y la alegría de la nueva versión que se presente ante nosotros. Todos cambiamos, inevitablemente.

¿Qué tipo de pareja eliges para tu nueva evolución? ¿A alguien basado en la nueva conciencia, sabiendo que la elección os permitirá evolucionar juntos? Solo debes enfocarte en lo que realmente sientes en el presente cuando estás con esa persona. Tu valoración ha de basarse en cómo te sientes cuando estás con ella, y no en cómo te hace sentir. No debes cargarla con la responsabilidad de lo que te hace sentir con respecto a tu felicidad. Así, en lugar de emplear frases como: «Tú me haces feliz», podríamos decir: «Cómo *me siento* cuando estoy contigo». Mejor no crear expectativas del tipo: «Mientras seas así y te comportes de esta forma, te amaré, pero si cambias, se acabó». Si uno ya es completo, puede observar cómo se siente en presencia de otras personas. Obviamente, tendrá sus preferencias, según su grado de evolución y su nivel de conciencia. Lo similar atrae a lo similar.

Podemos experimentar trabajar este tipo de amor dirigiéndolo hacia la maestría, y desde ese grado de evolución, decir: «Soy feliz contigo y también lo soy sin ti. Soy feliz por tu felicidad. Te doy total libertad para ser quien eres y como eres. Pero si algún día otra persona te hace más feliz que yo, te doy libertad para seguir tu camino a su lado. Y seré feliz por ti y por ella». Eso es el amor desde la madurez. No debemos pretender obstaculizar la libertad de nuestra pareja partiendo del egoísmo y la posesión. El amor se vive en el presente. Simplemente sientes que no te apetece compartir tu vida con otra persona que no tenga estas características que te hacen crecer y evolucionar. Porque te encanta esa versión de ti mismo en esa experiencia de compartir con otro Ser que se siente igual que tú. Y esa es la armonía en pareja. Desde la libertad y la aceptación. Amarás a esa persona con todas sus virtudes y sus defectos.

Si en algún momento sentimos que la llama se apaga o caemos en la rutina y el aburrimiento, hay que reinventar la historia, revitalizarla, dotarla de frescura, inyectarle un nuevo ritmo y una nueva vibración, viajar juntos o darse un descanso. Eso significa un pequeño paréntesis en el tiempo: «Cariño, voy a tomarme un mes o dos para reflexionar, para saber qué es lo que siento realmente. Y te pido que me des ese tiempo como un regalo en beneficio de los dos». Pero cuidado, durante ese tiempo sería más sensato evitar la tentación de experimentar con otras personas. Únicamente disfruta de una temporada sin tu pareja.

Con el paso del tiempo, incluso los sentimientos se transforman. La pasión y la frescura del inicio se transmutan en un amor maduro, más asentado e integrado, sin que se interprete como aburrimiento. Solo hay que mantener la chispa despierta, reinventando constantemente la relación, viviendo nuevas experiencias, explorando nuevos lugares, compartiendo con personas de otros entornos. Quizás un cambio de casa, de trabajo o de coche. Hay que estar abiertos.

A veces, siguiendo los ciclos de la vida, uno de los dos miembros de la pareja se encuentra en un momento alto de fluidez y felicidad, mientras que el otro sufre un bajón anímico. Desde el amor incondicional, el que se siente mejor ayudará al que está decaído. Nadie permanece siempre arriba y nadie permanece eternamente abajo. Todo cambia, todo es impermanencia.

Lo que no comprenden muchas parejas es que cuando uno se halla en un momento de bajón o de confusión, el otro no debe salir corriendo a buscar otra pareja, sino apoyarlo. Hoy te sientes mal tú, y mañana me puede tocar a mí. Todo es cíclico y hay que estar atentos a los cambios, siempre en la cresta de la ola para percibir todo el conjunto, todo lo que ocurre, desde el desapego y el apoyo mutuo. Solo es cuestión de paciencia, ya que el tiempo lo cura todo, lo pone todo en su sitio.

Esos momentos de apuro, de conflicto, son momentos para parar, para meditar y sumergirse en la calma necesaria para poder ser conscientes de que la tormenta no es eterna, y que nada permanece para siempre. Y estos son los momentos para crecer, porque la zona de confort se anula. Lo más inteligente entonces es observar cómo reaccionamos ante las circunstancias, cómo vencemos la inercia.

Es maravilloso escuchar las historias de amor de las parejas ancianas, esas aventuras de supervivencia que les han permitido seguir juntos durante tantos años, esos relatos de cómo superaron las grandes pruebas del amor, y ver las arrugas en sus rostros, esas arrugas que han generado su sonrisa ante la vida y también su sufrimiento. Es bello observar cómo se apoyan el uno al otro mientras caminan por la calle. Y ver como aún se dan ese beso tierno, esa dulce caricia, y se hacen ese guiño cómplice mientras van recordando los viejos tiempos. Apreciar estas vivencias me inspira muchísima ternura y humildad, una gran confianza y optimismo.

En una relación, sea del tipo que sea, para poder alcanzar la maestría, uno tiene que ser absolutamente honesto consigo mismo. Ha de existir una comunicación transparente y abierta, aunque hablando solo lo preciso, pues las palabras, una vez proyectadas, no se pueden recuperar. La creación se ha iniciado. En Oriente dicen: «ANTES DE HABLAR, GIRA LA LENGUA SIETE VECES».

Si hay un momento de incertidumbre y duda, antes de hacer suposiciones y pensar en algo que pudiera resultar erróneo, pregúntate: «¿Qué estoy sintiendo yo en este momento y por qué?». Antes de prejuzgar, debemos recordar que la persona que tenemos en frente de nosotros es un espejo. Es posible que su realidad quizás no tenga absolutamente nada que ver con nosotros. Por lo tanto, si sientes rabia, tristeza o confusión, o si albergas malos pensamientos, pregúntate a ti mismo por qué te sientes así. Mejor, gira la lengua siete veces y date un paseo, y trata de averiguar por qué estás proyectando esos sentimientos.

Nadie tiene la culpa de nada de lo que está ocurriendo en tu vida. Ponte la mano en el pecho y pronuncia mentalmente: «Mea culpa». Y ante todo, acéptate y perdónate. Estás aprendiendo a ser *humano*, y por lo tanto no tienes que ser perfecto ni exigirle la perfección a nadie. SOMOS SERES ESPIRITUALES APRENDIENDO A SER HUMANOS. Al fin y al cabo, todo es una encantadora y espectacular obra de teatro en la cual nos estamos descubriendo los unos a los otros en el patio de juego de la vida. Todos juntos, en la diversidad y la originalidad, en la diversión y el compartir, siempre únicos e irrepetibles. A veces estaremos algo confusos porque no nos enteraremos del guion de la película, pero siempre intentando abrirnos a la automaestría para poder seguir sus coordenadas.

Sigue a tu corazón y no a la razón

Dale vacaciones a tu mente. No pienses tanto. Siente más. Elige ser feliz haciendo lo que sientes que debes hacer. Sé tú mismo con todas sus consecuencias. Abre tu corazón y siente. Porque el universo siempre te regala lo que te conviene cuando te rindes a tu ser, y no lo que quieres. Cuando abres el corazón, deseas siempre lo que te conviene, y por lo tanto existe una plena sintonía entre lo que pides y lo que recibes. Acumulamos puntos en nuestra cuenta de crédito, pero solo cuando nos dejamos guiar por nuestro corazón, por nuestro Ser, podemos canjear ese crédito en consonancia con todo el universo. Así que date tus caprichos merecidos, siempre y cuando estés bailando en consonancia con tu Ser, con el universo.

Concédete tus caprichos

Nuestro derecho al nacer es ser felices. Eso se logra cuando nos entregamos a nuestro Ser, a nuestro propósito y a nuestra misión como humanos. Concédete permiso para darte tus caprichos y, tal y como el universo te dice, «pide y se te dará», así será siempre. Tarde o temprano, tu capricho te llegará. Acepta todo lo que recibas de la vida, porque la Ley de Correspondencia siempre hace que se te presente lo que te corresponde a cada instante.

No rechaces esos caprichos —por pensar que no los mereces, por ejemplo—, porque eso implicaría negarte a la abundancia. Puedes compartir todo aquello que te llegue con la gente que sepa valorarlo y respetarlo. A menudo nos hacen regalos que pensamos que pueden ser de poco valor, pero quizás llevan una bonita intención o le ha supuesto un gran esfuerzo a la persona que te lo ha regalado. Por ese motivo, todo regalo merece un respeto y debe agradecerse.

Mi hija, antes de abrir los regalos que le ofrecen, los aprieta contra el pecho, cierra los ojos, sonríe y, sin saber lo que hay dentro, guiándose por su instinto, dice:

—¡Es que llevan tanto amor!

Los niños siempre son felices cuando se cumplen sus deseos. Se sienten afortunados, sonríen, saltan y brincan, y cuando aprenden en abundancia, les encanta compartir todo lo que les llega, en lugar de guardarlo con egoísmo, como harían las personas que viven en la escasez, independientemente de lo que tengan. Guardar para el mañana, *por si acaso*.

Si actuamos así, guardando para el mañana, estamos creando escasez para el futuro. Si tienes carencias, es porque has creado esa vibración y el universo simplemente lo ha expandido. El universo siempre crea abundancia, siempre expande aquello en lo que vibras. ¡Te regala incluso abundancia de escasez!

¿Cómo cambiamos eso? Primero hay que empezar por el pensamiento y la palabra, hablada o escrita, y luego actuar creando abundancia, dando lo que queremos recibir. Si tienes poco, atrévete a regalarlo y descubre que puedes ser MAESTRO DE LA ABUNDANCIA. Observa que cuando das sin esperar nada a cambio, todo regresa a ti multiplicado. Esa es la Ley, el único secreto de la Abundancia. Todo aparece por arte de magia.

Abundancia significa tener lo que necesitas cuando lo necesitas.

Tener abundancia es tener lo suficiente cuando lo precisas para ti y para los tuyos. Todos los días me pregunto si hoy tengo todo lo que necesito para hacer todo lo que tengo que hacer. Y la respuesta siempre es «¡sí!». ¿Por qué preocuparnos por el mañana? Cuando llegue ese *mañana*, en realidad no será más que otro *hoy*.

Pongamos por ejemplo que tienes una deuda pendiente, una importante cantidad de dinero, como ocurre con muchas personas en la actualidad y, además, con el riesgo de perderlo todo, incluso tu casa y tus pertenencias. La gran lección que podemos aprender de esta situación es saber qué hemos de cambiar para eliminar esa carga mental y permitir que llegue el dinero suficiente para saldar esa deuda. Si estás pensando en una deuda, estás creando una vibración de *ausencia de abundancia*. Debes, por tanto, pensar de forma diferente, pensar que tienes abundancia, que siempre dispones de lo suficiente para hacer lo que tengas que hacer en el día de hoy, en el presente, en el ahora. Y eliges ser abundante con tu tiempo, con tu amor, celebrando tu abundancia, tu riqueza, y a la vez alegrándote por los golpes de buena suerte de los demás.

Celebrar con alegría la abundancia
o la buena suerte de los demás, atrae hacia ti esa nueva
vibración que se proyectará también en tu vida

En lugar de pensar en negativo, piensa en positivo, sin envidias, sin recelo. Cuanto más esperas algo activamente, más lo alejas o retrasas. Igual que la mujer que desea quedarse embarazada. Se crea ansiedad, y esa espera impide que su sueño se haga realidad. Pero si se alegra por la fertilidad de sus amigas, atraerá lo mismo para ella. Por lo tanto, si tienes deudas pendientes y puedes eliminar de tu mente el pensamiento de que una deuda solo se puede saldar con dinero, puedes suprimir ese bloqueo y ganar créditos por tus actos de amor y entrega, o mediante la caridad. Y con ello provocas que algún día, de alguna manera, te llegue justo la cantidad suficiente, ya sea por una herencia, un regalo o una venta inesperada que te ayudará a saldar esa deuda.

Un amigo mío recibió como herencia inesperada un terreno de un familiar que había fallecido. Lo vendió y saldó sus deudas pendientes con sus amigos y familiares.

No hay que dramatizar. No hay que darle poder. En ocasiones se ve a gente hundida por sus penas y sus desgracias. Es más aconsejable no entrar en esa espiral de compadecer a la persona afectada, sino más bien intentar quitarle importancia y ayudarle a entender que tiene que aceptar las circunstancias, pero cambiando su lista de prioridades por otras más favorables. Si están todo el día quejándose de sus desgracias, el universo únicamente expandirá esa vibración, y como consecuencia atraerán experiencias que les darán motivos para quejarse todavía más.

Cuando una persona te quiere atraer a su espiral de pena y drama, debes intentar desdramatizarlo. Haz que se ría de sí misma. Descarga el ambiente y su equipaje, por muy desgraciada que parezca. Incluso la peor de las situaciones puede convertirse en un circo si te atreves a jugar al juego de ser el mejor payaso.

Os contaré una anécdota. Estábamos de viaje con un grupo de compañeros zen haciendo obras humanitarias en Vietnam, algo que no se puede hacer abiertamente en un país comunista como ese. Teníamos que disimular todo lo que podíamos para poder ayudar en leproserías, orfanatos, hospitales o zonas de desastres, entre otros muchos proyectos. En uno de esos viajes, estábamos comiendo tranquilamente en una escuela de niños pobres, servidos por unos voluntarios. Para nuestra sorpresa, llegó a la puerta una camioneta de la policía, y entraron diciendo que venían a detenernos. El susto fue suficiente para casi cortarnos la digestión. Miré a mis compañeros y les hice una señal para que me dejaran gestionar la situación. Querían que los acompañáramos a la comisaría. Les dije:

—Mirad, tenemos aquí una maravillosa comida y estamos hambrientos. Si no os importa dejarnos comer, no les faltaremos el respeto a nuestros anfitriones. Si os apetece acompañarnos, os invitamos a comer con nosotros.

El policía con el que hablé me miró sin comprender, asombrado. No daba crédito a lo que estaba escuchando. Para mi sorpresa, contestó que sí, que nos permitían comer y que volverían a detenernos dentro de una hora. Parece ilógico, teniendo en cuenta las leyes de un país comunista. Pero se marcharon. Nos sentamos a comer y mis amigos casi no podían ni tragar. Les dije:

—Mirad, nos encontramos ante una situación que tenemos que superar. Vosotros sois españoles y franceses, y yo irlandesa. Dejad que yo haga la entrevista con la policía.

Como hablo inglés, ofreceré la única versión posible. Tenemos que mentir obligatoriamente porque en un país comunista no podemos decir que estamos haciendo caridad. Por lo tanto, que nadie más diga que sabe inglés.

Todos se quedaron aliviados por esa decisión, y al cabo de una hora, de nuevo vinieron a buscarnos. Decidí meditar antes para estar en paz, para pedir ayuda, para tener lucidez, para disfrutar la experiencia como una gran oportunidad de crecer. Nos acompañaron a la comisaría y me separaron del resto del grupo. Me acompañaba un traductor que era el recepcionista de un hotel del pueblo. No sabía que en ese momento él iba a ser mi mejor aliado.

Cuando empezó la entrevista con el primer oficial uniformado, que mostraba una cara extremadamente severa y una actitud militar, me di cuenta de dónde me estaba metiendo y recordé que estaba en un país comunista. Y pensé: «O disfruto de esta experiencia o me juego la vida y la de mis compañeros, ya que aquí no conocen la palabra *libertad*». Decidí desempeñar el papel de rubia tonta, inocente y juguetona. Comenzaron las preguntas a través del traductor:

—¿Cómo te llamas? –inquirió.

—Me llamo Suzanne Powell. Y usted, ¿cómo se llama? –le respondí

El traductor me miró con cara de póker, pero hizo su trabajo. La siguiente pregunta fue:

—¿Qué edad tienes?

Le respondí y le devolví la pregunta. El traductor me miró extrañado. A partir de ahí, pregunta que me hacía, pregunta que yo le devolvía. Me volvió a interrogar:

—¿Dónde pasaste la noche?

Y le dije que los nombres de ese país eran muy raros y empecé a inventar nombres con acento vietnamita, diciendo que no recordaba si se llamaba de esta forma o de esta otra.

Los dos empezaron a hablar entre sí con cierta frustración hasta que, finalmente, el oficial levantó los brazos en el aire, dio un golpe en la mesa y se marchó. Cuando me quedé a solas con el traductor, empezamos a hablar y me hizo preguntas personales acerca de mi vida, para ser amable y romper el hielo. Quiso saber de qué religión era y cuando le dije que era católica, me advirtió:

—Sobre todo no digas eso, porque yo también lo soy y aquí no está bien visto. –Tomé buena nota.

A continuación entró otro oficial y procedió a hacerme las mismas preguntas que el anterior. Volví a desempeñar el mismo papel y le repetí todas las preguntas. El traductor empezó a darme suaves patadas de aviso bajo la mesa, participando a mi favor en la entrevista, por lo que comencé a sentirme acompañada en ese proceso. El nuevo oficial también se enfadó, se levantó y se marchó. El traductor se fue detrás de él y me quedé sola. Aunque estaba haciendo un papel de *graciosilla* inocente, los nervios me comían por dentro y noté cómo el sudor me caía por la espalda.

Cuando llegó de nuevo el traductor con un tercer oficial, me fijé en que este tenía varios lunares en la cara con unos pelos largos que salían de ellos, y eso me hizo gracia. Empecé a tener la risa floja y me preguntó de qué me reía. Y le contesté que estaba hambrienta y que me sonaban las tripas.

—¿Aquí no hay nada de comer o de beber? Tengo hambre y sed –le dije.

Enseguida se levantó y fue a buscar unos caramelos y un vaso de agua. Recuerdo que le pregunté quién era aquel de la estatua que había a mi lado. Seguí con el papel de rubia tonta, pues sabía perfectamente de quién se trataba: era el líder político de Vietnam.

De nuevo seguimos el mismo proceso de preguntas y respuestas. El traductor me advirtió que ese hombre hablaba inglés, pero lo disimulaba, y ahí empezó mi mayor juego de pura y dura diversión al estilo Powell. Empecé a soltar tonterías y juegos de palabras, hasta que lo sorprendí riéndose antes de escuchar la traducción. Y con eso le señalé descaradamente y le dije:

—¿A que me has entendido antes?

Pregunta que me hacía, pregunta que le devolvía. Pero cuando me decía su edad, yo coqueteaba:

—No lo pareces, no lo aparentas.

Entonces se ponía muy ufano. Al final se marchó con un aire más ligero y despreocupado que los dos oficiales anteriores.

Finalmente me quedé con el traductor, que me aseguró que estaba completamente loca. Decía que nadie se atrevía a hablar con los policías de esa manera, aunque conmigo parecía que no les importaba demasiado. Me advirtió que tuviera mucho cuidado. Yo le dije que no se preocupara, que sabía lo que hacía.

Como tardaban en venir, el traductor fue a investigar qué ocurría. Me dejó a solas un buen rato, durante el cual no dejé de oír voces al final del pasillo. Más tarde apareció el traductor solo y, muy preocupado, me explicó que habían detenido también a una señora vietnamita de los voluntarios que nos estaban sirviendo la comida. A ella también le hicieron las mismas preguntas sobre nuestra estancia, los viajes, las fechas y lo que hacíamos en Vietnam. Sin embargo, su versión no correspondía con la mía, pues ambas solo respondíamos con mentiras, yo asegurando que nuestra estancia era turística y ella intentando encubrirnos con sus respuestas.

En ese instante pensé en relajarme, porque tenía que haber alguna solución. Pasaron por mi cabeza todas las lecciones zen que había estado aprendiendo. Luego vino otro oficial que parecía ser el jefe, y me volvió a hacer todas las preguntas que ya me habían hecho anteriormente. Me hizo multitud de ellas —y yo también a él— pero se marchó igual de confuso que los demás.

Le pidió al traductor que le acompañara, y al cabo de un rato, este vino con una noticia:

—Suzanne, estamos ante una situación delicada que tenemos que resolver. Saben que estás mintiendo. Han detenido a la voluntaria vietnamita y las dos versiones no concuerdan. Están dispuestos a liberaros, pero no pueden si vuestras versiones no se corresponden, y me han propuesto que te diga que cuando entre el siguiente oficial, simplemente le contestes que sí a todo, y os soltarán. Les has caído muy bien por tu gracia, tu simpatía y tu atrevimiento, y aun sabiendo que estás mintiendo, os van a dar la libertad.

Cuando entró el siguiente oficial, no paré de jugar con todas sus preguntas, en ocasiones retrasando el «sí» y estirando las pausas antes de contestar, y en otras contestando «sí» antes de que hiciera la pregunta. Podía ver el enorme esfuerzo que hacía el oficial por no sonreír. Se le escapaba la sonrisa por la comisura de los labios. Incluso los pelos del bigote le bailaban con tal esfuerzo por contenerse.

Me quedé un rato con el traductor cuando el oficial se fue, y al cabo de un tiempo, me llevaron a la sala donde estaban mis compañeros, sudados y con cara de preocupación. Aparecí con una sonrisa de oreja a oreja y con varios kilos de menos por la tensión y los nervios. Por fin nos dijeron que saliéramos.

En el exterior del edificio nos encontramos con todos los policías que nos habían entrevistado, ahora vestidos de paisano. Sin uniforme parecían auténticos adolescentes. Me saludaron con risas y abrazos, y el que hablaba inglés me dijo:

—Lo has hecho muy bien, nos hemos divertido mucho contigo, pero ten cuidado, no lo vuelvas a hacer, porque en otro lugar os podrían haber hecho desaparecer sin dejar rastro.

Nos subieron en la camioneta de la policía y aprovechamos para sacar alguna foto de recuerdo de aquel lugar lúgubre. Cuando llegamos a la casa, ya era la hora de la cena. Recuerdo que me senté en un sofá y me eché a llorar simplemente para liberar esa tensión y ese suspiro de alivio de «prueba superada». El juego nos había salido bien. Nos abrazamos, celebrando nuestra libertad, y lo aceptamos todo gratamente como una gran experiencia.

¿Cuál fue la clave de toda la historia? Realmente me había atrevido a ser yo misma, sin dramatizar, en una experiencia que normalmente habría sido un conflicto o una situación límite. Pero al restarle importancia a las circunstancias y empleando una buena dosis de humor, sentí que no tenía nada que perder. Debía salir de la norma, romper los esquemas y jugar con el corazón de aquellos hombres de una forma original e impensable que quizás les diera horas de conversación a posteriori: «¿Os acordáis de la irlandesa que se atrevió a tomarnos el pelo?». Para mí simplemente eran unos seres humanos vestidos de uniforme jugando el papel que correspondía a una etiqueta de autoridad y poder. Cuando se quitaron el uniforme y se vistieron de paisano, aprecié que no eran más que chiquillos juguetones, normales y corrientes. Ya no tenían el poder, porque yo había ganado esa batalla utilizando mis armas de mujer irlandesa: amor con humor. Los desnudé a todos.

La lección era esa, CONVERTIR UN DRAMA EN UN JUEGO. NADA TIENE MAYOR IMPORTANCIA QUE LA QUE TÚ LE DES. No debemos entrar en esa espiral del drama, que te absorbe y te anula. Esa fue una maravillosa oportunidad para crecer, para aprender a actuar de forma diferente ante una nueva situación, fuera de la zona de confort. En otro nivel, es posible que haya elegido vivir esa experiencia para subir el peldaño de esa escalera del camino más rápido para mi evolución.

En ese camino de la maestría, elegimos un campo de aprendizaje, y en ese campo tenemos que emplear todas las posibles lecciones para aprender de todo y de todos. Una vez superado ese aprendizaje en ese nivel, tenemos que pasar al siguiente.

Dejamos atrás muchos admiradores, discípulos y compañeros que han interactuado con nosotros para entrar en una nueva zona en la cual todo el mundo sabe más que nosotros. Nos convertimos de nuevo en discípulos de la vida. Pero todavía estamos a la vista y al alcance de nuestros admiradores del eslabón anterior. Entre uno y otro nivel existe una ZONA GRIS en la cual no distingues claramente el camino correcto porque hay una bifurcación con dos senderos. Uno es el adecuado y el otro, el menos deseado. En esa zona densa, espesa, de niebla, en la cual no ves hacia dónde conducen esos dos caminos, existe una gran incertidumbre, porque no sabes cuál de los dos escoger. En esa área debemos tener una extrema humildad y reconocer nuestra vulnerabilidad, nuestra ignorancia, dispuestos a aceptar que no sabemos las respuestas.

Nuestros admiradores o discípulos nos contemplan como un referente para ellos y nos piden consejos que los ayuden a pasar de nivel. Pero en esa zona, todo queda por aprender. Todo es nuevo. Tenemos que atrevernos a tomar una decisión con todas las consecuencias, experimentar y estar dispuestos a equivocarnos totalmente. Si no nos arriesgamos, no podemos aprender. Y aunque nos lancemos pisando con mucha seguridad, aunque tengamos la absoluta certeza de que hemos elegido correctamente, debemos hacerlo con la máxima humildad. Porque HASTA QUE SALGAMOS DE LA ZONA GRIS NO PODREMOS SABER SI HEMOS ELEGIDO CORRECTAMENTE O NO. SOLO LA HUMILDAD Y LA ACEPTACIÓN NOS PERMITEN PASAR DE NIVEL. De lo contrario, tendremos que permanecer en esa zona hasta que aprendamos esa lección, aunque sea tropezando con la misma piedra una y otra vez. Si te equivocas, debes admitirlo.

Cuando te encuentras en esa zona gris tienes por delante de ti a las personas que ya han salido de ella, que se convertirán en tus nuevos consejeros y guías, a los que tendrás que escuchar con humildad, siendo tú el discípulo y no el maestro. Podríamos compararlos con esos asesores que, según tus notas de bachillerato, te evalúan y te aconsejan sobre las carreras universitarias a las que puedes optar para tener éxito profesional.

Ellos tienen una visión y una perspectiva mucho más amplia que la tuya propia, porque se trata de un terreno completamente nuevo para ti. Tal vez cumples con los requisitos pero no sabrás elegir el mejor sitio para estudiar. Si vas a ciegas, corres el riesgo de equivocarte. Y lo mismo ocurre en todos los planos de evolución. Los podemos contemplar como una pirámide con sus distintos pisos, hasta alcanzar, en la cúspide, la maestría total.

Siempre habrá seres que sabrán más o menos que tú. No son ni superiores ni inferiores en nada, simplemente son seres que han caminado y experimentado un poco más o un poco menos que tú. LA AUTOMAESTRÍA SIEMPRE NACE DE LA HUMILDAD. Podemos decir que no hay peor ego que el ego espiritual. Cuando caes en él, antes o después haces el ridículo, porque siempre acabas descubriéndote. Es cierto que se suele tener la tentación de presumir de ese hecho espiritual. Pero, normalmente, quien más habla de ello es quien menos sabe, mientras que el que más callado y sonriente está, probablemente sea el que más sepa. El maestro tiene que saber adaptarse, desde el silencio y la humildad, al nivel de conciencia de las personas de su entorno. No debe dar información ni consejos gratuitos sin que correspondan. Su manera de transmitir es siendo ejemplo y guiando a sus discípulos hacia la vivencia de experiencias de aprendizaje. El verdadero maestro invita a sus discípulos a la reflexión y a bucear en el maestro interior de cada uno sin recriminar, sin prejuzgar, sin hacer que se sienta mal, diferente o inferior por no saber discernir o no poder ver con lucidez en los momentos de aprendizaje. Será como el padre de familia que ama por igual a todos sus hijos, y simplemente los acompaña y apoya en su crecimiento, dándoles ejemplo, CON FIRMEZA, DISCIPLINA Y AMOR.

Cuando sacamos ese punto de atrevimiento con esas mismas ganas de autosuperación, no importa el nivel en el que te encuentres, crees que todo es posible e incluso los sueños más aparentemente locos se pueden hacer realidad. Cuando tengo un propósito, mi primer pensamiento es que TODO ES POSIBLE. Si lo deseas desde el fondo de tu alma, el universo lo expandirá, y es muy posible que se haga realidad. Aunque sea un capricho, permítete disfrutarlo, por favor.

De niña tenía limitaciones respiratorias debido al asma bronquial que sufría. En cierta ocasión estaba viendo una película titulada *Marathon Man*, de Dustin Hoffman. El protagonista quería correr en el maratón de Nueva York, y yo, ahogándome en el sofá de mi casa, me dije: «Algún día haré un maratón». Viví la película en mis carnes sintiendo y viviendo que algún día sería capaz de hacer lo que él hacía. Y lo conseguí en el maratón preolímpico de 1992, que realicé con tanta alegría en mi alma que incluso saltaba los conos, lo que horrorizaba a mi entrenador, quien consideraba aquello como un desgaste innecesario. Lo conseguí. Terminé con el asma y mis limitaciones respiratorias y logré realizar mi sueño. Y pensé: «EL CIELO ES EL LÍMITE». Y luego eliminé el techo del cielo. NO HAY LÍMITE. YA NO ME IMPONGO LÍMITES.

Jugando con los límites

Me viene a la mente el maravilloso caso de Olga, una alumna zen que nos mostró cómo se puede hacer un milagro aun estando al borde de la muerte. La recuerdo al final del primer día de clase, cuando se me acercó casi sin respiración y me dijo que no sabía si estaría viva para la clase del día siguiente. Los médicos la habían desahuciado y, según ellos, ya no tenía que estar viva. Le pregunté qué haría con su vida si se le concediese el milagro de una remisión total. Me confesó que no había otra cosa que la hiciese más feliz en ese momento. Le dije:

—Confía en ti, y esta noche, antes de dormir, haz respiraciones conscientes programándote para despertar al día siguiente. Cuando te acuestes, prográmalo diciendo: «Mañana me despertaré a tal hora». Le das la orden a tu cuerpo y a tu Ser con ese decreto de seguir viva. Y mañana nos vemos en clase. Pero primero permíteme que te dé un abrazo cargado de vida.

Y nos fusionamos en un abrazo de amor incondicional. Al día siguiente, en clase, pregunté:

—¿Dónde está Olga? –Cuando ella levantó la mano, le pregunté–: Pero ¿aún estás viva?

Y le recordé públicamente la importancia de darle las gracias al universo por tener la posibilidad de estar viva. Tenía un cáncer de páncreas terminal. Abrí la lección para toda la clase, con su permiso, contando su caso personal. Quería que los alumnos entendiesen que es una elección vivir si realmente eres consciente de tu vida y de tu poder sobre ella, y que incluso si mueres por accidente, aun estando muerto, puedes elegir volver a la vida. Siempre puedes tomar una decisión.

El tiempo pasó, y todos los días Olga se acostaba por la noche dando las gracias por haber vivido un día más, y programando seguir viva y despertarse a la hora previamente establecida. Cada día se encontraba mejor, hasta tal punto que decidió hacerse una analítica para averiguar lo que había cambiado en su cuerpo. En una sola semana, tuvo la revelación del milagro de su remisión total. Ella, con su experiencia, descubrió ese nuevo poder, el poder de la vida que está dentro de cada uno. En su caso tuvo que llegar al borde de la muerte para poder descubrirlo. De hecho, en el programa de cada uno, siempre hay una fecha tope que jamás sobrepasarás, y cuando llega tu hora, morirás, ya que en tu programa no había opción de vivir más tiempo, aunque también cabe la posibilidad de morir múltiples veces antes de esa fecha tope.

DICEN EN ORIENTE QUE SI QUIERES CAMBIAR TU SUERTE EN LA VIDA, OPÉRATE DE ALGO. Pasar por una anestesia, según los orientales, es como experimentar una muerte temporal, después de la cual vuelves a la vida, como un reinicio del ordenador. Así que opérate ese juanete que hace tanto tiempo te molesta, porque de esa forma cambiará tu suerte, ya que producirá un cambio de vibración. De hecho, a lo largo de nuestra vida morimos muchas veces, sin ser conscientes realmente de ello. Por ejemplo, en alguna ocasión en que hayas sufrido un desmayo o hayas perdido el conocimiento por cualquier causa. Te vas y vuelves en un instante.

Lo ideal es tener UNA MUERTE CONSCIENTE. Debemos prepararnos para esa transición sin apegos materiales, emocionales ni sociales. Debemos estar dispuestos para volver a programar una nueva vida. DEBEMOS MORIR EN PAZ VIVIENDO EN PAZ. Resolver todos nuestros conflictos en vida, nuestras ataduras y nuestras deudas.

En ocasiones incluso LO IMPOSIBLE SE VUELVE POSIBLE, desafiando el tiempo y el espacio, demostrando que no somos nada. Les ocurrió a una pareja de amigos que iban en coche. De repente se encontraron con un camión descontrolado que iba a chocar con ellos de frente. Cerraron los ojos, esperando lo peor, pero el impacto directo nunca llegó. Sorprendentemente, se encontraron al otro lado del camión, conduciendo por el mismo carril por donde iban, como si no hubiese sucedido nada. El camión había rectificado su trayectoria. Es como si literalmente se hubiesen desmaterializado en un instante y materializado después en una zona segura, tras un increíble salto cuántico en el tiempo y en el espacio.

Cabe la posibilidad de poder eliminar conscientemente, como si fuera un rollo de cinta de una película, una experiencia en el programa aún por vivir. Si estiramos el rollo, podemos encontrar el tramo de la existencia que queremos borrar y así poder saltarnos ese número de fotogramas que preferimos no vivir. Podemos editar la película haciendo recortes a nuestro gusto, eliminando así tramos de la cinta que preferimos no experimentar. Con esto evitamos de forma consciente tener que pasar por situaciones traumáticas, ya que hemos aprendido la lección. Es una experiencia de maestría, jugar con el tiempo y el espacio como si fuese plastilina.

Un amigo me contaba que estuvo en la cárcel una corta temporada, que aprovechó para practicar la meditación. En una de sus meditaciones profundas se olvidó completamente de sí mismo y cuando abrió los ojos se encontró fuera de la celda. Suerte que era de noche y no había movimiento por los pasillos. Tuvo que volver a buscar esa calma total a través de la meditación y olvidarse de sí mismo por completo para poder volver a la celda sin llamar la atención. Descubrió la capacidad de la teletransportación. Si no hubiese pasado por la experiencia de la cárcel, ¿habría tenido la oportunidad de descubrir esa capacidad?

Siempre podemos cambiar la perspectiva de las cosas si profundizamos en sus símbolos.

Podemos convertir en positivo todo aquello que consideramos negativo, aprovechando siempre esas oportunidades que la vida nos ofrece. Si creemos que el número 666 es malo, proyectamos esa creencia y, al crear una vibración equivalente a lo que creemos, atraemos esa experiencia a nuestro presente. Por ejemplo, si vas en coche y de repente te llama la atención una matrícula que lleva el 666 y ese es un número que te produce miedo, corres el riesgo de sufrir un accidente, ya que estás creando ese temor. Y lo que tememos es lo que atraemos. Si convertimos lo negativo en positivo, y pensamos que el 666 es $6 + 6 + 6 = 18$, que equivale a $1 + 8 = 9$, ya tenemos un número positivo, pues el 9 es el número de la creación de la mujer.

Tenemos por tanto la capacidad de convertir todo lo malo en bueno. Eso se denomina transmutación, que forma parte de la maestría: poder convertir lo negativo en positivo y sacar de situaciones difíciles experiencias enriquecedoras. Ese es el verdadero significado del símbolo del yin y el yang.

Dentro de lo negro siempre existe un punto blanco y dentro de lo blanco siempre existe un punto negro. Dentro del mal existe la semilla del potencial para crear el bien, y viceversa. Dentro de la experiencia de una situación conflictiva, existe el potencial para crecer y aprender.

De nuevo te recuerdo que las circunstancias no son importantes, sino nuestra actitud ante ellas. No olvides la importancia de nuestras creencias, del poder creativo de nuestras palabras y pensamientos, de nuestra fuerza interior a la hora de crear realidades y experiencias. Cada día debemos ser más conscientes de lo que sentimos, de lo que decimos, de lo que imaginamos y de lo que pensamos ante cualquier situación.

La maestría no es más que poder conseguir ese estado de plena conciencia del todo, a cada instante, en perfecta ecuanimidad y amplitud.

Lo hermoso de todo esto es que no hay culpables de nada, ni malos ni buenos, tan solo aprendizaje. De hecho, ahí arriba solo se apuntan nuestras buenas acciones. Los errores pasan desapercibidos, por lo que no hay culpables, solo inconscientes.

Como Jesús dijo en la cruz: «Padre, perdónalos porque no saben lo que hacen».

Al igual que un padre que no juzga a su hijo porque no sabe andar todavía, nosotros no debemos juzgar a nadie por sus actos. El padre no se enfada porque sabe que su hijo no es culpable, solo está aprendiendo a caminar. Forma parte del progreso de la vida. Todo es perfecto.

El perdón

De la misma forma, no debemos culparnos a nosotros mismos. Y aunque te pongas la mano en el pecho y repitas «mea culpa», eso solo significa que estás aprendiendo. Si no nos creamos expectativas, entendemos que cada uno se encuentra en su camino de aprendizaje; por lo tanto, no hay que acusar a nadie de nada y menos aún echarle la culpa. Y si no existe la culpa, podríamos decir que ni siquiera es necesario perdonar a nadie.

Si quieres perdonar a alguien, perdónate a ti mismo, hasta que comprendas por fin que tú tampoco tienes la culpa de nada. No existe la culpa, ni hay culpables. Solo seres humanos más o menos despiertos, más o menos conscientes. Pero todo llega en su justo momento. Todo es perfecto. Incluso un maestro sufre, pero desde la comprensión, la aceptación, la paz y la alegría de saber y demostrar que todo encierra una lección y un camino. Desde la enfermedad, por ejemplo, como les ha ocurrido a muchos maestros en el pasado. Estamos a punto de convertirnos en un maestro o un buda, y como dicen en Oriente, hay tantos budas sobre este planeta como granos de arena en el río Ganges.

La budeidad, la iluminación o el despertar significan lo mismo. Y se alcanzan cuando uno llega a la frecuencia o al estado de paz y calma en su mente, en su corazón, en su cuerpo y en su espíritu. Es justo el punto en el que uno consigue olvidarse de sí mismo por completo en un solo segundo, y acceder a la nada y atravesarla para encontrarse en el todo. Allí donde se fusiona con esa luz de amor incondicional, llenando su alma de gozo, alegría o éxtasis. En ese momento sabe que forma parte de un todo y se siente «en casa». A partir de ese instante nada es igual. Ya se ha convertido de nuevo en su niño interior. En la pura inocencia. Ya ha logrado la comprensión de la vida. Solo sabe que hay que vivir y despreocuparse de todo. Su nueva luz será ese faro que muchos seguirán porque sienten una atracción especial sin saber el motivo. Tú también puedes ser ese faro. SI YO PUEDO, TÚ PUEDES. Atrévete a ser tu maestro.

Las claves para encontrar tu paz

¿Cómo vivir en paz?

Si tienes la oportunidad de recibir el curso zen, te será de gran ayuda. Se basa en el control del sistema nervioso mediante la respiración consciente, la meditación y los toques zen. No tiene nada que ver con ninguna religión. Encontrarás más información en http://suzannepowell.blogspot.com.es/2013/04/el-curso-zen-que-es.html.

A lo largo de estos últimos años, varios libros y vídeos me han proporcionado una especial inspiración: *Iniciación*, de Elizabeth Haich; *Los cuatro acuerdos*, de Miguel Ruíz; *Conversaciones con Dios*, de Neale Donald Walsch; *Despierta a la vida*, de Anthony de Mello; *El trabajo*, Byron Katie y *La ley del espejo*, de Yoshinori Noguchi.

Lo que resuene contigo forma parte de tu camino, de tu programa. Si eres capaz de imaginarte un hecho, por descabellado o imposible que parezca, significa que ya está en tu programa. Alínéate con ello, apasiónate por ello. Y luego, añádele pasión a la pasión. Sin límites. Cuanta más pasión tengas, antes se manifestará.

Estas herramientas son las que me han funcionado a mí, pero cada uno tiene que buscar su propia fórmula, sus propios libros, maestros, lugares y compañeros de camino. Cada uno debe buscar su sendero, su programa, su visión y su propósito interior.

Cuando algo te apasiona, elevas tu frecuencia y alcanzas altas cuotas de inspiración. Eso te permite estar fuera de tu mente; de esa forma se produce la transmisión de datos desde el disco duro o supermemoria hasta la mente física.

Aquí te muestro algunas perlas que podrán ayudarte a reflexionar, a actuar y a encontrar ese punto de luz que albergas en tu interior:

- Perdona, olvida y acepta.
- Vive y deja vivir.
- Cálmate, relájate.

- Sé el ojo del huracán. Permanece en el centro.
- No pretendas cambiar a nadie.
- Apunta tus preguntas e inquietudes en una libreta.
- Tus respuestas aparecerán en sueños, meditaciones, libros, a través de tus amigos y donde menos te lo esperes.
- Abre los ojos y los oídos. Estate atento a las señales.
- Obsérvalo todo con atención y con máxima perspectiva y amplitud.
- Permanece atento a tus palabras y pensamientos cocreadores.
- No culpes a nadie de tus problemas.
- Las dificultades solo son oportunidades para salir de la zona de confort y así crecer.
- Da las gracias a tus maestros, aquellos que te hacen enfadar, que te sacan de tus casillas, que te remueven algo. Ellos están aquí como ángeles de incógnito, para mostrarte que aún no has alcanzado la automaestría. Observa tus reacciones en su presencia.
- Sal del modo reactivo. No te desgastes intentando defender nada.
- ¿Tener la razón o ser feliz? Tú eliges.
- En una situación de conflicto, todos tienen la razón, así que reconócelo, asiente y olvídalo.
- Ríete más y no te lo tomes todo tan en serio.
- Reinvéntate cuando caes en el aburrimiento o en la depresión. Del aburrimiento nace la creatividad.
- Debes estar preparado para cambiar repentinamente en cualquier situación.

- No te aferres a nadie ni a nada. Recalcula. Adáptate a todas las circunstancias con aceptación, aprendiendo de ellas.
- Practica el desapego total. Cuanto menos tienes que proteger, menos miedo sientes de perderlo.
- No acumules deudas, que solo te quitan la paz, y perdona las que los demás tienen pendientes contigo.
- Recuerda la Ley de Correspondencia: tendrás todo lo que te corresponde y lo que necesites en cada momento para ser feliz, aunque no seas totalmente consciente de ello. Solo es cuestión de reconocerlo y creerlo. Y si no lo ves, mira siempre a los que están peor que tú.
- Sé tú mismo con todas las consecuencias.
- Elimina el miedo, que es lo opuesto al amor.
- Aprovecha cada momento para ayudar a otros seres sin esperar nada a cambio. Al fin y al cabo, estarás también dándote a ti mismo.
- Lo que desees recibir en tu vida, regálaselo a los demás. Si quieres amor, da amor. Sin miedo.
- El universo lo expande todo. Sé consciente de ello en lo bueno y en lo malo.
- Ama, cuida y respeta tu cuerpo. Es tu templo.
- Ríndete a tu Ser y desea la más alta evolución.
- Aprende a ser el capitán de tu barco en lugar de navegar a la deriva.
- Actúa desde el corazón y no con la mente. El corazón es el rey y la mente está a su servicio. Que no sea al revés.
- Descansa lo suficiente. Cuando hay cansancio, el carácter se altera.

- No des consejos si no te los piden. Así evitas herir sensibilidades y egos, y de paso caer en la arrogancia.
- Sé flexible contigo mismo y con los demás. Así serás más asequible y la gente se sentirá cómoda en tu presencia.
- No entregues el poder sobre tu felicidad a nadie. Haz tuya la frase: «Soy feliz contigo y sin ti».
- Alégrate de los éxitos y la felicidad de los demás, y estarás atrayendo lo mismo para ti.
- Siempre piensa bien de quienes te rodean. Si piensas mal, esos pensamientos saldrán como vibración, que esa persona captará, y regresará a ti.
- Si crees que alguien está hablando mal de ti, estás abriéndole la puerta e invitando a entrar a esa experiencia. De ese modo, se convierte en una realidad. Respira y mándale pensamientos de amor. Así pensará de forma diferente.
- Piensa siempre en positivo con respecto a tu cuerpo. Tus células reciben todos los mensajes y se transforman según pienses. Ámate.
- Busca siempre el equilibrio en todo, la ecuanimidad. Si te ríes mucho, también llorarás mucho tarde o temprano. Acéptalo, es necesario.
- Recuerda que todo es posible y que los milagros existen. No limites tus experiencias con una mente limitante.
- Fluye por la vida usando la ley del mínimo esfuerzo. Es el camino más fácil.
- No intentes ser feliz. Simplemente sé feliz. Las flores no intentan crecer, solo crecen.

- Pide ayuda cuando la necesites. No dejes de hacerlo por orgullo. Porque también haces feliz a quien te ayude. ¿Acaso no eres feliz cuando alguien te pide ayuda? Cuando pides ayuda, muestras humildad.

- Aprende a decir «no» y expresa tus verdaderos deseos. No dejes de seguir tu camino por estar atrapado en una situación en la que no te sientes a gusto. Date tu libertad y di «no» con educación.

- Sé espontáneo y alegre como los niños e intenta pasar tiempo cerca de ellos, así aprenderás a recuperar tu inocencia.

- No impongas tus teorías o creencias sobre los demás. Lo que es bueno para uno puede no serlo para otros.

- Cada uno trae un don para compartir esta vida con la humanidad. Busca el tuyo o ayuda a los demás a encontrar el suyo, y tu don se manifestará.

- No dramatices ni entres en la espiral de los dramas de quienes te rodean. Nada tiene importancia salvo la que tú le des.

- Las circunstancias no son importantes, solo tu actitud ante ellas.

- Apunta tus sueños en una libreta cuando te despiertes. Pero hazlo antes de poner los pies en el suelo para no correr el riesgo de olvidarlos. Así recibirás respuestas, mensajes, soluciones e ideas para tu vida que unirán las piezas del puzzle de tu programa.

- El tiempo lo revela todo. Así que no tengas prisa por manifestar nada. Fluye.

- Respeta el ritmo de los demás en todo. No interfieras en él, porque si lo haces, se confundirán.

- Sé el tipo de pareja que desees atraer a tu vida.
- Recuerda que lo único que permanece es el cambio. Todo es impermanencia.
- Como dijo Gandhi: «Sé el cambio que desees ver en el mundo».
- Nunca pienses que eres demasiado insignificante para crear un gran impacto. Todos somos gotas de agua de mar y todos somos el océano. Alguien tiene que dar el primer paso. Atrévete a ser esa primera persona. Atrévete a ser tu maestro para que puedas inspirar a otros a ser el suyo. Sé tú mismo, sé feliz, relájate, brilla. Sé.

Conclusiones

Después de todo lo dicho, ¿cómo llegar a la sabiduría-maestría, que no es conocimiento, ni datos que acumulamos? O, en otras palabras, ¿cómo llegar a nuestro disco duro? «¡Quiero vivir en paz! Pero no me dejan». ¿Cuántas veces hemos pronunciado estas palabras? Para vivir en paz primero necesitamos que el cuerpo esté libre de dolor y sufrimiento. Si te duele una muela, no tienes paz. Por eso la prioridad es atender el cuerpo físico y sus necesidades. Cuando el cuerpo está en armonía y saludable, es más fácil alcanzar la paz mental. Cuando la mente está en paz, el espíritu también disfruta de armonía. No puedes alcanzar la sabiduría si no hay calma. Y es importante recordar que la sabiduría no significa saberlo todo a la vez, sino saber aquello que necesites saber en el momento en que lo necesitas. Por lo tanto, lo único que precisas es tener las herramientas

NECESARIAS PARA MANTENER LA PAZ, LA CALMA Y LA ARMONÍA EN CUALQUIER CIRCUNSTANCIA. ESO ES ZEN.

Aquello que te perturbe la mente es una oportunidad para ser zen. Por eso podemos decir que la vida, Dios o el universo te regala lo que no te gusta para que aprendas a amarlo. El amor es la frecuencia más elevada.

Cuando alcanzas una frecuencia de amor incondicional, todo lo que no esté en esa frecuencia desaparece de tu realidad.

Cuando despiertas a la vida, empiezas a amarlo todo.

Por tanto, para alinearte con tu automaestría, ama la vida, ama el planeta, a todos sus habitantes y a todos los seres sintientes. De esa forma estarás amándote a ti mismo. Cuando alcances esa frecuencia, ya habrás integrado tu Ser a tu personalidad, a tu identidad como ser humano real y completo.

El camino de la automaestría es aprender a ser una persona verdadera, es decir, una persona completa, que ha aprendido a integrar su Ser con su persona física, que ha aprendido a realizarse como ser humano real, que está al servicio de su Ser. Y sencillamente Es.

Hártate de vivir. Para alcanzar la maestría, no es necesario hacer nada. Solo tienes que Ser. A menudo me comentan: «Uf, cuánto trabajo para conseguir todo eso. ¿Qué tengo que hacer para ser mi propio maestro?». Y siempre contesto lo mismo: «No hay que hacer nada». Hay que aprender a no ser nada, a no pensar nada para alcanzar la nada absoluta, para atravesar la nada, para llegar así al Ser, al Todo. Hay que desandar el camino andado, desapegarte de todo y vaciarte de todo. Simplemente siendo.

Somos muy pequeños y muy grandes al mismo tiempo. El cuerpo físico, en comparación con el universo, no es nada. Desde el ego y la mente pensamos que lo sabemos todo. Tantos títulos, tantos estudios, tanto acumulado... ¿para qué? Cuando decimos «yo», siempre señalamos al pecho, y no a la cabeza. Por lo tanto, no somos nada, pero lo somos todo. Nuestra parte eterna siempre es. Pero cuando abandonamos el traje que nos ha acompañado en esta vida, se convierte en polvo. Y el Ser continúa su viaje, se reprograma una nueva vida y cuando vuelve a nacer, se viste de nuevo.

En esta vida, regala sonrisas a todos esos ángeles que te acompañan en el camino. Y siéntete un privilegiado por tener la oportunidad, como Ser, de vivir una vida física, plena y justa. Just do it! Simplemente hazlo.

Gracias, gracias, gracias.

Agradecimientos

Gracias a todos, especialmente a ti, Joanna, mi hija, de once años, por mostrarme que todavía no he alcanzado la automaestría. Todos aprendemos de todos. Todos somos maestros y todos somos discípulos.

Gracias infinitas a Isabel y a Elisabeth por su generosísima ayuda en la corrección y adaptación de esta canalización a texto.

Gracias también a Xavi por esos cuatros días que me regaló para llevar a cabo la transcripción del dictado de este libro canalizado que se plasmó finalmente en solo quince horas a lo largo de esos días. El «Just do it» siempre funciona. ¡Mente fuera, acción!

Algunos datos de interés

Blog de Suzanne Powell: http://suzannepowell.blogs-pot.com.es/.

Facebook: https://www.facebook.com/pages/Suzanne-Powell/197392636971654.

Ponencias zen: http://suzannepowell.blogspot.com.es/201304/ponencias-zen-algunas-de-las-charlas-de.html.

El Reset colectivo: http://suzannepowell.blogspot.com/2011/01/suzannepowell-eñ-reset-colectivo-y-el.html.

Índice